베다니 마리아의 비윤리적

향유
낭비
사건

조사보고서

트리니티북

베다니 마리아의
비윤리적 향유 낭비 사건 조사 보고서

초판 1쇄 발행 2019년 7월 22일

지은이　서원석
펴낸곳　트리니티북
출판등록　2016년 4월 27일 제2019-000065호
주소　　서울시 서대문구 불광천길 278, 1층(북가좌동)
이메일　trinitybook2019@gmail.com

copyright ⓒ 서원석 2018, Printed in Seoul, Korea

An Investigation Report on
Unethical Waste of Luxurious Oily Perfume
Conducted by Bethany Citizen called Maria

Chief Investigator, Joshua Sir
December 2018

ISBN 979-11-967536-1-0

+ 잘못 만들어진 책은 구입한 곳에서 교환해드립니다.

베다니 마리아의 비윤리적

향유 낭비 사건

조사보고서

Joshua Sir 지음

트리니티북

서문

이 책은 예수 그리스도께서 유월절의 어린 양으로서 죽임 당하기 위해 십자가를 향해 예루살렘으로 입성하기 직전, 베다니에서 일어난 향유 낭비 사건의 의미를 조명하기 위해서 시작된 책이다.

따라서 이 책은 마리아에 관한 책이라고 할 수 있다. 아울러 마리아처럼 자신의 삶을 포기하고, 오직 하나님의 시간과 계획에 초점을 맞추고, 하나님의 구속사와 관심사에 집중하고, 그것을 위해 모든 것을 투자했던 소수의 사람들에 대한 이야기다.

내 영적 아버지요 스승인 파더 매지드가 남미 출장을 앞둔 나에게 들려준 이야기가 책의 핵심 줄거리다. 이 책은 이야기를 들은 후 며칠간의 묵상과 고민을 거쳐 남미 출장 기간에 완성된 책이다. 얼마나 순식간에 기록된 책인지 말하고자 하는 것이 아니다. 파더 매지드를 통해 들은 마리아의 이야기는 나를 사로잡았고, 나는 그 메시지로부터 잠시도 벗어날 수가 없었다.

한국에서 가장 먼 나라 페루로 가는 길은 멀고 험하였다. 그 험한 여정에서 병을 얻은 나는 출장 기간 내내 두통과 심한 근육통 그리고 기침과 감기로 고생이 이만저만 아니었다. 하지만 책을 쓰는 것은 어떠한 방해도 받지 않고 이루어졌다.

땅 끝에서, 올해의 마지막을 앞두고, 지금까지와는 전혀 다른 삶이 다가올 것을 예감하면서 시작된 이 책이, 아마도 내 삶에 가장 큰 영향을 줄 것 같다. 아니, 그렇게 되기를 간절히 소망한다.

2018년이 저물 무렵
멕시코시티 공항에서 인천행 비행기를 기다리며…

004 _ 서문

Part 1　**마리아, 그녀는 과연 누구인가?**

010 _ 베다니에서 일어난 사건의 진실
014 _ 논란들
020 _ 두 개의 해석
025 _ 기름 붓는 자
029 _ 조우 또는 의도된 행동
033 _ 마리아의 유익
036 _ Just Do it, 마르다
040 _ 더 좋은 것을 택한 마리아

Part 2　**비아돌로로사의 조우**

048 _ 구레네 시몬
055 _ 안나
059 _ 세례 요한
064 _ 물세례와 불세례

068_   종속적인 삶

Part 3   **교제와 친밀함**

074_   조용한 시간
080_   신의 성품에 참여함
086_   삼위일체의 카이로스에 참여함

Part 4   **삶의 특징들**

094_   허비함 vs 투자
100_   세상과의 거리
110_   그림자로 또는 자기 삶의 주인
117_   반(反)성취지향적?
124_   기도와 금식

130_   에필로그

마리아, 그녀는 과연 누구인가?

베다니에서 일어난
사건의 진실

　예수께서 유월절의 어린 양으로서 예루살렘에 입성하셨다. 십자가를 앞두고 마지막 만찬을 드시기 전에 발생한 한 가지 특별한 사건은 사복음서에 모두 기록되어 있다. 바로 한 여인이 예수에게 향유를 들어부은 사건이다. 각 공관복음의 저자는 이 사건을 서로 다르게 기록하고 있는데, 이 사건의 전말을 종합하여 보면 다음과 같다. 이 사건은 유월절 전 예루살렘에 입성하여 십자가에 달리시는 그리스도 공생애의 클라이맥스 전에 일어난 사건이다. 이것은 나사로가 살고 있던 베다니에 위치한 나병환자 시몬의 집에서 일어났다. 이 사건에서 마리아로 추측이 되는 한 여인이 값비싼 향유 한 옥합을 들고 와서 예수에게 부었다. 예수님은 이 시간(사건)의 의미를 자신의 장사(葬事)를 위한 준비로 인식하고 있었던 것을 성경에서 확인할 수 있다.

공관복음은 예수의 행적을 각기 다른 관점에서 기록하였으므로, 기록한 이들의 관점에 따라 세세한 부분이 정확히 일치하지 않는다. 그중에 마가가 기록한 마가복음은 공관복음 중 가장 빠른 주후 48-58년 사이에 기록되었고, 예수를 메시아로 인식하고 그의 구원에 중점을 두고 기록하여 비교적 가장 사실에 정확한 서술을 한 것으로 알려져 있다. 표적을 의미하는 "Mark"가 마가의 이름에서 유래했다고 보는 학설도 있다.

반면에 누가복음은 바울의 제자인 의사 누가가 주후 59-60년 사이에 기록한 복음서이다. 누가는 "종으로 오신 그리스도"의 관점에서 누가복음을 기록했다. 이것은 예수의 사후에 다른 이들에게 들은 내용을 기록했기 때문에 객관적이라는 평가도 받지만 직접 본 것이 아닌 들은 것을 기록하였기 때문에 그 정확성에 의문을 갖는 사람들도 있다.

요한복음은 마태, 마가, 누가의 공관복음과 구분하여 제4복음서라고 일컫기도 한다. 요한은 예수의 가장 사랑 받는 제자였다. 하지만 주후 90-100년 경 밧모 섬에 유배되어 선지자로서 환상과 계시에 의지하여 기록한 부분이 있고, 그리스도와의 개인적인 친밀성으로 인하여 사건을 사실대로 적지 못한 부분이 더러 있다고 알려져 있다. 공관복음서들은 기록될 당시에 생존하고 있었던 인물들과 저자의 관계, 혹은 정치적인 관점에서 문제가 될 소지가 있었던 부분은 정확하게 사실로 표현할 수 없었다는 점에서, 기록된 모든 내용을 사실로 받아들이기에는 어려운 부분이 있다는 것이 학자들의 공통된 의견이다.

왜 이렇게 거창하게 서두를 시작하는지는 뒤에 기술되는 내용을 읽으면 자연스럽게 이해가 될 것이다. 이 책에서 앞으로 다루려고 하는 내용들은 성경을 읽고 이해하는 사람들과 학자들에 따라 각기 다른 관점으로 받아들일 수 있다는 것을 알고 있다. 그럼에도 필자가 기록하려는 내용들도 각기 다른 관점의 하나로 받아들여진다면 더할 나위 없이 기쁠 것이다.

  이 하나의 사건에 대한 기술들 중에서 가장 논란이 되는 것은 예수에게 향유를 부은 여인이 과연 누구이며, 향유를 부은 곳이 어디이며, 이것은 무엇을 의미하는가에 대한 것이다.

논란들

 이 사건에 대한 첫 번째 논란은 이 여인이 과연 누구였는가라는 것이다. 오직 요한만이 이 여인의 정체를 마리아라고 밝혔을 뿐 다른 공관복음의 저자들은 이 여인이 누구였는지 밝히지 않는다. 마가와 마태가 당시에 살았던 마리아를 보호하려는 의도에서 누구인지 밝히지 않았을 가능성이 높다. 이는 나중에 기술한 이 사건의 숨은 의도가 무엇이었느냐에 대한 논란 때문인 것으로 생각한다. 오직 요한만이 이 사건에 등장하는 여인이 마리아이고 마르다와 나사로의 손아래 자매라는 것을 밝히고 있다. 이는 요한이 이 내용을 기록할 당시 마리아는 생존해 있지 않았거나, 혹은 신분이 밝혀져도 큰 문제가 없을 것이라고 생각했을 것으로 추측

가능하다. 이 사건이 발생한 장소가 베다니이고, 나사로와 마리아 자매의 집이 같은 마을에 위치하고 있었기 때문에 이 이야기의 주인공이 마리아였을 가능성이 한층 높다고 말할 수 있다.

또 다른 논란은 과연 마리아가 옥합을 깨트리고 향유를 부은 예수 그리스도의 신체 부위가 어디인가에 대한 것이다. 마태와 마가는 머리에 부었다고 하였으나, 누가와 요한은 발에 부었다고 하였다. 더구나 누가는 여인의 행동을 매우 구체적이면서도 세밀하게 묘사한다. 먼저 눈물로 발을 적시고, 머리털로 발을 닦은 뒤, 발에 입 맞추고 향유를 붓고 다시 머리털로 닦았다고 기술한다. 예수 그리스도의 제자가 아니었던 누가가 어떻게 이렇게 세밀하게 그 상황을 기술할 수 있었는지 많은 의문이 남는 대목이다.

누가는 복음서를 기록하는 방식에 있어서 자신만의 강한 특성을 드러낸다. 그는 그리스도의 삶을 목격한 많은 증인들로부터 증거를 수집하여 이를 분석하여 과학적인 관점에서 논리적이고 정연하게 기술하고자 했다. 이것은 다분히 누가의 관점과 의도가 드러나는 기술 방식이라고 할 수 있다. 요한 역시 누가와 마찬가지로 이 사건에 대해 발이라고 기술하였다. 요한과 누가는 선지자로서 머리에 기름을 붓는 행동의 의미를 잘 이해하고 있었다. 따라서 여인의 정체에 대해 의문을 가진 상태에서 이렇게 기술한 것이 아닐까 추측한다.

표 1. 향유 사건에 대한 공관복음의 기록 비교

구분	마 26:6-13	막 14:3-9	눅 7:36-48	요 12:1-8
시기	유월절 이틀 전			유월절 엿새 전
장소	베다니	베다니		베다니
집 주인	나병 환자 시몬	문둥이 시몬	바리새인 시몬	불특정
여인의 정체	한 여자	한 여자	죄인인 한 여자	마르다, 나사로의 자매 마리아
기름의 정체	귀한 향유 한 옥합	향유, 300데나리온	향유 담은 옥합	나드 한 근
부은 곳	머리에 부으니	머리에 부었다	눈물로 발을 적시고 머리털로 씻고, 발에 입 맞추고 향유를 부으니	발에 붓고 머리털로 발을 씻음
제자들 반응	분개하여 이르되 무슨 의도로 이것을 허비하느냐	분내고, 허비한다고 책망	시몬이 마음에 생각함. 선지자가 죄인을 알아보지 못한다	가룟 유다가 말함. 가난한 이를 생각하는 것이 아님
예수의 반응	어찌하여 괴롭게 하느냐 그가 내게 좋은 일을 하였다	괴롭게 하지 말라, 나는 항상 같이 있지 않다, 장사를 준비	더 많은 빚 탕감 받은 자가 더 기뻐함. 죄사함을 받았다.	가만 두어 나의 장사할 날을 위하여 두게 하라

마지막 논란은 이 여인이 왜 이런 행동을 했으며, 이 행동의 의미는 무엇이었는가에 대한 것이다. 이것은 마리아의 진정한 정체가 누구이었는가에 대한 논란으로 이어진다. 누군가의 머리에 기름을 붓는 행동은 "기름부음"이라고 표현될 수 있다. 이는 그리스도의 정체성인 "그리스도"와 연결이 된다. "그리스도"라는 고대 그리스 단어는 칠십인 역에서 처음으로 사용되었다. 이것은 "기름부음을 받음"을 의미하는 히브리어 "마쉬아흐, 즉 메시아"를 그리스어로 번역하는 과정에 생겨난 단어이다.

마쉬아흐라는 단어는 아벨이 제사에 기름을 사용한 것에서 기인한다. 이것은 메시아인 예수를 칭하는 단어로 이해되는 것이 보통이다. 구약의 메시아는 그리스어로 번역된 예수 그리스도로 통용되었는데 예수는 그 정체성이 "기름부음을 받은 자"이다. 이는 이사야가 "주 여호와의 영이 내게 내리셨으니 이는 여호와께서 내게 기름을 부으사 가난한 자에게 아름다운 소식을 전하게 하려 하심이라. 나를 보내사 마음이 상한 자를 고치며 포로 된 자에게 자유를, 갇힌 자에게

놓임을 선포하며"(사61:1)라고 예언한 것과 같다. 이스라엘 백성들은 마쉬아흐라는 단어를 이스라엘을 구원하기 위해 언젠가 오실 메시아를 의미하는 말로 이해하고 있었다. 예수는 공생애를 시작하면서 가버나움의 회당에서 성경의 두루마리를 펼쳐 이사야 선지자가 예언했던 기름부음 받은 자가 바로 자신이라는 것을 선포했다. 이로 인해 유대인들로부터 돌에 맞는 위기에 처하기도 했다.

이런 시대적 상황으로 볼 때 당시 지상에서 그리스도에게 기름을 부었던 이는 없었다. 그런데 마리아가 나타나 예수의 머리에 기름을 붓는 사건이 발생한 것이다. 이를 목격한 제자들 중 요한은 이런 상황에 대해 신성모독을 염려했을 가능성이 높다. 즉 마태와 마가는 이 상황을 본대로 기록하여 머리에 기름을 부었다고 기록하였지만, 누가와 요한은 이러한 논란을 우려한 나머지 발에 기름을 부었다고 기록했을 가능성이 있다. 그러나 마리아가 자신에 대한 이러한 논란을 부를 수 있는 상황을 의식하고도 기름을 붓기로 결정했는지, 아니면 단지 예수에 대한 자신의 친밀함과 사랑을 드러내기 위해 이러한 행동을 감행한 것인지 우리로서는 확인하기 어렵다. 어느 한쪽으로 단정 짓기에는 다소 증거가 불충분하기 때문이다.

두 개의 해석

  그렇지만 이 논란에 대한 해결은 예수 그리스도의 이 사건에 대한 해석과 이해를 들어보면 그 실마리를 찾을 수 있다. 먼저 이 여인이 예수의 머리에 기름을 부었던 사건을 제자들은 어떤 관점에서 바라보았을까? 제자들은 여인의 행동에 대해 다른 관점에서 해석하고 있음을 알 수 있다. 그들은 매우 현실적이었다. 마태와 마가와는 달리 요한은 특별히 제자들 중에서도 가룟 유다를 꼭 집어서 말하고 있는데, 이는 이미 가룟 유다의 잘못된 행동들이 드러났기 때문임을 짐작할 수 있다. 제자들은 여인의 매우 단호하고도 급작스러운 기름부음이라는 행동을 전혀 다른 관점에서 바라보고 부정적인 견해를 나타내었다. 그 반응은 여인의 행동에 대한 비난과 책망으로 표현되었다. 그들은 왜 이렇게 비싼 돈을 허비하는가에 대해 논란을 일으켰다. 이 행동을 비난한 가룟 유다로 대표되는 이의 관점은 삼백 데나리온, 즉 일군들의 일 년치 품삯에 해당하는 돈을 왜 예수에게 부어버려서 낭비하는가 하는 것이었다. 그 돈이면 가난한 사람들을 많이 도울 수 있다는 매우 현실적인 논리였다.

그러나 이 여인의 행동에 대한 예수님의 해석은 모든 사람의 이해와 추측을 뛰어넘었다. 우선 예수님은 가룟 유다를 비롯한 제자들의 행동에 대해서 "여인을 괴롭히지 말라"고 말씀하셨다. 그리고 가난한 자는 항상 있지만, 당신은 항상 있지 않을 것이며, 자신이 이제 죽음을 앞두고 있는데, 이 여인은 자신의 죽음과 장사(葬事)를 준비한 것이라는 놀라운 선언을 하셨다. 예수님께서는 이 여인의 행동이 여인 자신을 위한 것이 아니며, 또는 제자들이 생각하는 것처럼 귀한 돈을 낭비한 것도 아니며, 예수님의 죽음을 준비한 행동이었음을 드러내셨던 것이다.

제자들이 이렇게 생각했던 것은 나름대로의 사정과 이유가 있었다. 이 사건은 유월절을 바로 앞둔 시점에 일어났다.

즉 예수 그리스도의 예루살렘 입성 직전이었다. 제자들은 예수님의 예루살렘 입성으로 메시아의 존재가 만천하에 드러나고, 하나님의 나라가 임하면서, 그리스도가 로마의 압제에서 이스라엘을 해방하고 자신들도 예수와 함께 이스라엘을 통치하게 될 것이라는 장밋빛 꿈에 젖어 있었다. 이런 기대 때문에 야고보와 요한의 모친이 예수를 방문해 한 사람은 그리스도의 오른편에 다른 한 사람은 왼편에서 통치할 수 있게 해 달라는 특별 청탁을 하는 사건이 일어난 것이다. 이 때문에 제자들 사이에 큰 다툼이 일어났고, 마리아의 향유 사건은 이런 매우 예민한 사건이 발생한 시점 직후에 일어난 일이었다. 당시는 발생하는 모든 사건 하나하나에 제자들의 해석과 이해가 민감하게 집중되던 시기였다.

제자들 중 어느 누구도 그리스도의 예루살렘 입성이 고난의 종이라는 인식이 없었다. 유월절 어린 양으로서, 하나님을 향한 제물로써 죽는다는 의식 자체가 제자들에게는 없었다. 제자들은 그리스도가 당할 고난과 죽음에 대해서는 아무도 관심을 갖지 않았다. 그들은 모든 사건에서 자신들의 꿈의 성취와 이익의 분배에만 초점이 맞추어져 있었다. 이러한 관점에서 여인의 돌발된 행동에 대한 가룟 유다의 책망은 자신에게 돌아와야 할 귀한 재물이 헛되이 낭비되고 있다는 생각에서 비롯됐다는 것을 알 수 있다.

반면 그리스도는 이제 자신의 죽음이 가까이 온 것을 분명히 알고 있었다. 그는 왕으로서 예루살렘에 입성할 것이지만, 정치적인 메시아가 아니라 하나님의 어린 양으로서 유월절의 제물로써 자신의 생명이 바쳐질 것임을 명백히 자각하고 있었다. 그러한 때에 갑작스럽게 한 여인이 등장한 것이다. 게다가 다윗이 표현한 것과 같이 "기름으로 내 머리에 바르셨으니, 내 잔이 넘치나이다"라는 표현이 무색할 정도로 향유 한 옥합이 자신의 머리에 부어지는 상황이 벌어졌을 때 예수님은 말할 수 없는 감격과 위로를 느꼈을 것이다. 삼년 반 동안 따라다니던 제자들은 어느 누구 하나 그리스도의 상황을 이해하거나 지지하지 않았다. 그들은 예수님의 사정은 아랑곳하지 않고 오직 자신들의 영광만을 좇고 서로 다투고 있었다. 그런데 갑자기 등장한 마리아로 인해 그리스도는 하나님의 위로를 느끼고 자신의 가는 길에 대해 확증이 되었을 것이다. 이러한 그리스도 내면의 복잡하고 감격스러운 상황이 표현된 단어가 바로 "내 장사(葬事)를 준비하는 것이다"라는 표현이었다.

이는 기름 부음을 받은 자 "그리스도"에게 지상에서 기름을 부은 "마리아"가 바로 기름 붓는 자라는 말로 받아들여질 수 있다는 것을 의미한다. 그렇다면 기름 붓는 자는 당시에 어떤 의미였을까?

기름 붓는 자

 성경에는 기름 부음을 받은 자가 종종 등장하는데, 우리가 잘 아는 바와 같이 이스라엘의 초대 왕이었던 사울도 그 중 한 사람이다. 그는 선지자 사무엘의 기름 부음을 받은 뒤 왕으로 추대됐다. 아버지 이새의 명을 받아 잃은 양을 찾아 떠난 여행에서 사울은 신비스러운 경험을 한다. 그가 사무엘을 만나 음식 대접을 받고, 왕으로 기름 부음을 받은 뒤, 성령의 충만함을 받아 예언을 하고, 잃었던 양을 모두 찾는 기적을 경험을 한 것이다. 사무엘은 당대 이스라엘을 대표하던 위대한 선지자로, 사울에게 기름을 부었을 뿐 아니라 장차 일어날 일련의 사건들에 대해 예언을 하는데, 그 예언이 한 치도 틀림이 없이 모두 이루어지는 것을 성경에서 볼 수 있다.

사무엘의 두 번째 기름 부음은 다윗에 대한 것으로 이 사건 역시 사무엘서에 잘 기록되어 있다. 하나님께서 사울을 버리고 왕으로 삼으셨음을 후회할 때, 사무엘도 낙심에 빠져 아무것도 하지 않고 슬픔에 빠져 지냈다. 어느 날 하나님께서 사무엘에게 찾아 오셔서 새로운 왕에게 기름을 부으라고 명령하셨다. 놀랍게도 사무엘은 하나님의 명령을 거부하면서, 아직 기름 부은 왕이 시퍼렇게 살아 있는데 어찌 자신의 목숨을 걸고 기름을 부을 수 있느냐고 항변을 한다. 그러자 하나님께서는 자신이 책임을 질 터이니 이새의 집으로 가라고 하셨다. 사무엘은 자신이 누구에게 기름을 붓는 줄도 모르고, 하나님의 명령에 목숨을 걸고 결국 다윗에게 기름을 부어 이스라엘의 왕으로 삼는다. 사무엘이 다윗에게 기름 부은 지 십여 년이 지나서야 다윗은 왕위에 오른다. 물론 사무엘은 자신이 기름을 부은 다윗이 왕위에 오르는 것을 보지 못한 채 죽음을 맞이한다.

또 다른 선지자 엘리야는 이스라엘 사람들이 가장 존경하는 선지자 중 한 사람으로 죽음을 보지 않고 하늘에 들려 올라간 인물이다. 이세벨에게 쫓겨 광야로 내몰린 뒤, 시내

산에서 하나님의 임재를 체험한 뒤 그의 삶과 사역은 일대 전환을 맞이한다. 하나님께서 엘리야에게 명하신 것은 세 사람에게 기름을 부으라는 것이었다. 다메섹에서 살던 하사엘이라는 악한 자에게 기름을 부어 아람의 왕이 되게 하고, 예후에게 기름을 부어 이스라엘의 왕이 되게 하고, 마지막으로 엘리사에게 기름을 부어 엘리야를 대신하게 하라는 것이었다. 엘리야는 하나님께서 명하셨음에도 불구하고, 하사엘이라는 악인에게 기름을 부어 아람의 왕을 죽이고 새로운 왕으로 추대하는 것을 못마땅하게 여겼다. 그래서 그는 오직 엘리사에게만 기름을 부어 제자로 삼고, 엘리사로 하여금 하사엘에게 기름을 붓게 하고, 엘리사의 제자 중 하나가 예후에게 기름을 부어 이스라엘의 왕으로 삼게 했다.

  이처럼 기름을 부어 누군가를 왕으로 삼거나 새로운 선지자로 삼는 일은 오직 위대한 선지자들에게만 가능했던 매우 성스럽고 위대한 일이었다. 이것은 하나님의 분명한 명령이 없이는 가능한 일이 아니었다. 그렇다면 마리아는 과연 하나님의 명령을 받아 이 일을 수행했을까? 그 질문에 대한 답을 우리는 천국에서 확실하게 알게 될 것이다. 그러나 분명한 것은 예수께서 마리아의 그러한 행동이 단순히 비싼 기름을 부어 재물을 낭비한 것이 아니라고 하셨다는 것이다. 예수님은 그녀가 한 일이 예수 자신의 죽음을 준비한 것일 뿐 아니라 매우 귀한 행동으로 영원히 기억되어야 할 가치 있는 일이었음을 분명히 천명하셨다. "내가 진실로 너희에게 이르노니 온 천하에 어디서든지 이 복음이 전파되는 곳에서는 이 여자가 행한 일도 말하여 그를 기억하리라 하시니라"(마 26:13). 그렇다면 마리아가 하나님으로부터 명령을 받아 예수에게 기름을 부어, 예수를 "기름 부은 자"로서 공식적인 이스라엘의 왕이 되게 하고, 왕으로서 예루살렘에 입성하게 하고, 유월절 어린 양으로서 죽임을 당하도록 준비시켰다고 볼 수 있을까? 이것에 대해서 우리는 알 수 없다. 하지만 분명한 것은 그리스도는 마리아의 행동을 그렇게 받아들이고 위로를 받았다는 것이다.

조우 또는 의도된 행동

 그렇다면 마리아는 예수에게 향유를 붓기 위해 미리 준비를 했을까, 아니면 우발적인 행동으로 머리에 기름을 부었을까? 먼저 마리아가 부은 향유의 양과 가격으로 이것에 대한 답을 유추할 수 있다. 예수께서 베다니에 다시 오셨다는 소식을 들었을 때 마리아가 우발적으로 집에 보관하고 있던 향유를 가져다 부었을 가능성은 높지 않은 것으로 보인다. 옥합에 들어있던 향유는 삼백 데나리온에 해당되는 분량이다. 당시 일군의 하루 품삯이 일 데나리온 이었으니 이것은 일군의 일 년 품삯에 해당되는 양이었다. 상식적으로 생각할 때, 한 달 품삯 분량의 향유도 아니고, 일 년 품삯 분량의 향유를 담아 보관했다는 것은 분명한 의도가 아니면 일반인은 하지 않을 일이다. 더구나 이렇게 많은 양의 향유는 쉽게 구할 수도 없을 뿐 아니라 특별한 목적이 아니고서는 일반 집에 한 근이나 되는 분량의 향유를 보관했을 리가 만무하다. 현재 시중에서 최고급 향수의 가격이 백 밀리그램에 십만 원 정도인데, 이를 적용해 계산한다면, 최고급 향수 육백 그램을 보관하고 있었다는 말이다. 즉 향수 육백 병 정도의 분량을 보관한다는 것은 특별한 의도나 목적이 아니고는 하지 않는 일이다.

마리아는 분명한 의도로 향유를 준비했을 것이다. 마리아, 마르다, 나사로 모두 가족에 대한 언급이 없고 함께 모여 살았던 것으로 보아, 마리아는 직업을 가지고 일을 했던 사람으로 추측 가능하다. 가롯 유다가 지적한 것처럼 나사로의 집이 풍족하여 일 년 치 품삯을 선뜻 할애하여 한 순간에 허비하는 것을 나사로나 마르다가 쉽게 동의했을 것으로 생각하기 어렵다. 특별히 마리아가 결혼을 했다면, 남편의 재산이나 가족의 재산을 이러한 목적으로 지출했다는 것을 납득하기는 쉽지 않다. 아마도 마리아는 오랜 기간 이를 위해 준비해 왔을 것이다. 예수께서 베다니를 지나는 것이 예정된 것이 아니기 때문에, 오래전에 계획을 세우고 준비하지 않았다면 예수님에게 꼭 필요한 위로와 기쁨을 전해 드리지 못했을 것이다. 마리아는 오래 전부터 돈을 모으고, 기름을 사 모아서 이 순간을 위하여 기도하고 준비하며 노심초사했을 것이다. 예수께서 이전처럼 자신의 집에 들러 교제를 하신다면 아무런 문제가 없을 것이나, 정확한 시점을 알 수 없기 때문에, 기름에 등불을 채우고 신랑을 맞으러 나가는 신부의 마음으로 이제나 저제나 자신이 생각해온 순간이 임하기를 학수고대하며 준비했을 것이다.

이러한 사실로 미루어 볼 때, 마리아는 이 행동에 대해 하나님과 사전에 교감이 있었거나, 하나님의 특별한 분부나 명령을 받았을 가능성이 크다고 볼 수 있다. 성경에 기록되지는 않았지만, 예수의 모친 마리아나 요한의 모친 엘리사벳과 같이 어느 날 가브리엘 천사가 나타나 마리아에게 예수의 죽음을 기념하고 위로하기 위한 특별한 의식을 준비하도록 분부를 했을 가능성도 있다. 앞에서 살펴본 것처럼 하나님께서 엘리야나 사무엘 선지자에게 말씀하셨던 것처럼 마리아에게 예수의 머리에 한 근이나 되는 향유를 부으라고 명령을 하셨을지 모른다.

앞서 언급한 선지자들의 경우와 마찬가지로 누군가에게 기름을 부어 왕이 되게 한다는 것은 위험을 수반하는 행동이었다. 그러한 명령은 쉽게 따를 수 있는 것도 아니다. 마리아의 경우에도 이 행동으로 인해 즉시 제자들의 질책과 나무람을 받았다. 더구나 여인의 몸으로 예수에게 다가가 아무런 설명이 없이 향유를 붓는다는 것은 많은 오해를 불러일으킬 것이 빤한 일이었다. 마리아의 행동은 인간적인 관점에서 볼 때 아무리 좋게 보려고 해도 수많은 오해와 억측을 낳기에 충분한 행동이었다.

마리아의 유익

그렇다면 이처럼 자연스럽지 않고 돌발적으로 보이는 이 행동을 통해 마리아는 무슨 유익을 얻었을까? 이것이 그녀 삶의 목표를 성취하는 것과 관계가 있었을까? 단도직입적으로 말하면, 마리아는 이 행동을 통해서 아무런 유익을 얻지 못했고, 오히려 많은 억측과 오해를 낳았으며, 일부 제자들, 특히 요한을 매우 곤란한 상황에 빠트렸다. 단 한 사람, 예수 그리스도를 제외하고 말이다. 즉 마리아의 행동은 오직 예수를 위한 것이었다고 말할 수 있다. 사실 예수님 외에 그 어느 누구도 마리아의 행동을 이해한 사람이 없었고, 마리아 자신도 자신의 행동이 어떠한 의도와 목적으로 이루어지는지, 그것이 어떤 결과를 초래하는지 몰랐을 가능성이 높다.

엘리야가 하사엘이라는 악인에게 기름을 부어 아람의 왕으로 세우라는 하나님의 명령을 따르지 않고 엘리사에게 수행하도록 넘긴 것도 당시에는 하나님의 의도를 깨닫지 못했기 때문이다. 하나님께서는 이스라엘이 회개하고 돌아오기를 원하셔서 아람을 들어 이스라엘을 치셨고, 후에 야후를 들어 아합과 이세벨을 치셨는데, 이러한 사건들이 일어나고서야 사람들은 하나님의 의도를 이해하게 되었을 것이다.

따라서 마리아도 예수의 머리에 기름을 붓는 자신의 행동을 완전히 이해하지 못한 상태에서 실행에 옮겼을 가능성이 매우 높다. 이는 결코 쉬운 일이 아니다. 자신에게 아무런 유익이 없고, 자신의 삶에 보탬이 되는 일도 아니다. 오히려 아무 것도 이루지 못하는 상황에다가 수많은 오해와 억측이 일어날 것이 불 보듯 빤한 상황이다. 그럼에도 오직 예수의 길을 위해, 마지막 사명을 위해, 십자가 길을 시작하는 예수를 위해 자신을 희생하는 것은 아무나 할 수 있는 일이 아니다. 따라서 이 일을 묵묵히 수행한 마리아에게 어디든 복음이 전파되는 곳에 이 여인의 이름도 함께 기억될 것이라는 예수의 축복은 결코 과한 말씀이 아니었다는 것을 우리는 알 수 있다. 그러나 불행하게도 마리아의 이러한 행동과 그 의미는 사람들에게 잘 알려지지 않았다. 그래서인지 마리아를 본받아 오직 그리스도를 위해 살겠다는 사람들을 많이 찾아 볼 수 없는 것이 우리의 안타까운 현실이다.

수많은 사람들이 예수를 따랐다. 그러나 그들이 예수를 따른 이유는 메시아라는 증거 때문이 아니었다. 그들은 그저 예수를 통해 자신의 문제를 해결하고 욕심을 채우기 위해 예수를 따랐다. "예수께서 대답하여 이르시되 내가 진실로 진실로 너희에게 이르노니 너희가 나를 찾는 것은 표적을 본 까닭이 아니요 떡을 먹고 배부른 까닭이로다"(요 6:26). 많은 사람들이 예수가 지나가는 길에서 그를 기다렸다. 그들은 이제나 저제나 어떤 도움을 받을 수 있을지 노심초사하며 그를 기다렸다. 그들 중 어느 누구도 자신에게 아무런 유익과 도움이 되지 않는 예수를 기다리며, 그의 길을 격려하고, 위로해 주기 위해 기다렸던 마리아 같은 사람은 없었다. 그가 가는 마지막 십자가 길을 함께 가기 위해 따르고 기다렸던 사람은 드물었다. 심지어 제자들 어느 누구도 마리아와 같은 마음을 갖지 못했다.

Just Do it, 마르다

마리아의 자매 마르다는 마리와는 많은 면에서 다른 사람이었다. 오빠 나사로가 앓다가 죽었을 때, 예수께서는 지근거리인 예루살렘에 계셨다. 나사로의 자매들은 사람을 보내어 나사로가 병들어 죽게 되었다는 것을 전했다. 하지만 무슨 연유에서인지 예수님은 바로 베다니로 내려오셔서 병든 나사로를 살펴보시지 않으셨다. 그는 "이 병은 죽을병이 아니라 하나님의 영광을 위함이요 하나님의 아들이 이로 말미암아 영광을 받게 하려 함이라"고 말씀하시고 예루살렘에 이틀을 더 머물렀다. 나사로가 죽고 나서야 잠든 나사로를 깨우러 간다고 하시면서, 나사로의 집을 방문하셨다. 베다니와 예루살렘은 약 삼 킬로미터 떨어져 있으니 걸어서 겨우

한 시간 거리였지만 예수께서는 나사로가 죽기를 기다려 그의 집을 방문하신 것처럼 보인다. 결국 예수께서 나사로의 집에 도달하셨을 때는 나사로가 죽은 뒤 나흘이 지난 후였다. 예수의 도착 소식을 전해들은 마르다는 그 말을 듣자마자 일어나 집을 나와서 예수를 맞이하였다. 하지만 마리아는 예수의 도착 소식을 듣고도 집에 남아 있었다. 길에서 예수를 만난 마르다는 "왜 사람을 보내어 소식을 전했을 때 오시지 않았느냐?"고 원망 섞인 탄식을 하면서, 예수께서 일찍 오셨으면 오라버니가 죽지 않았을 것이라고 말하였다. 아울러 마르다는 지금이라도 예수께서 하나님 아버지에게 구하시면 무엇이든지 이루어질 것을 믿는다고 예수께 말씀을 드렸다. 그러자 예수께서는 나사로가 살아날 것이라고 말씀하셨다. 놀랍게도 마르다는 오빠를 살려주실 것을 요청했음에도 "나사로가 마지막 날 모든 죽은 자가 부활할 때 살아날 것을 믿는다"고 자신의 신앙관을 고백하였다. 마르다는 예수께 오빠인 나사로를 살려주실 것을 요청했지만, 자신이 말한 것이 이루어질 것이라는 확신이 없었던 것이다. 예수께서는 마르다와 부활에 대해 변론을 하시면서 당신이 부활이요 생명인 것을 드러내었다. 마르다는 잠시 오빠의 죽음을 잊고 "예수는 그리스도이며 살아계신 하나님의 아들이신 줄을 내가 믿나이다"라며 신앙고백을 하였다. 그러나 마리아는 이 모든 일이 벌어지고 있는 동안에도 자신의 집에 머물렀다. 그러다 마르다가 예수를 길에서 뵙기를 마치고, 집으로 돌아가 마리아에게 "선생님이 오셔서 너를 부르신다"(요 11:28)고 말하니 그때서야 급히 일어나 예수께 나아갔다. 마르다는 즉시 행동에 옮기는 유형의 사람이었고, 마리아는 상대방의 허락이 있고, 요청이 있을 때를 기다리는 유형의 사람이었다. 마리아는 예수께 나아가 마르다가 했던 것과 동일한 말을 하면서 서운함을 드러내었지만 그저 예수의 발 앞에 엎드려 울 뿐이었다. 예수를 만나서 적극적으로 무엇인가를 하도록 요구했던 마르다와는 다른 태도를 취한 것이다. 마리아는 예수께서 무엇인가를 하실 것임을 믿고 있었고, 오빠를 잃은 슬픔을 위로 받고 싶었지만, 예수께 그것을 요구하지 않고 예수께서 무엇을 하시기를 조용히 기다렸을 뿐이다. 마르다는 그리스도가 누구인지 분명히 아는 것처럼 보인다. 하지만 그녀는 사실상 그리스도의 능력을 믿지 않았고,

자신의 상실감을 달래줄 사람으로 인식하고 그것을 요구한 것처럼 비쳐진다. 지나치게 가혹한 표현일수 있으나 마르다가 그리스도를 따랐던 것은, 앞서 말한 다른 사람들처럼 "먹고 배불렀기 때문"이었을지 모른다. 즉 자신의 유익을 위해, 그러한 목적을 성취하기 위해, 자신이 따르는 사람이 누구인지를 자세히 알아보려는 노력 없이 따랐을지 모르겠다. 그러나 마리아는 예수 그리스도가 누구이신지 분명히 알았고, 그분이 마땅한 행동을 취하기를 기다린 것처럼 보인다. 예수는 마리아의 슬픔에 공감하는 눈물을 흘리며 마리아의 슬픔을 위로하셨다. 아울러 마리아의 바람대로 나사로를 다시 살려내신다. 마리아가 요구하지 않았지만 예수께서는 마리아의 마음의 소원을 아시고 오빠 나사로를 살려주신 것이다.

더 좋은 것을 택한 마리아

마르다와 마리아는 성경에서 다시 비교되는데, 누가는 마르다의 행동을 다음과 같이 묘사하였다. "그들이 길 갈 때에 예수께서 한 마을에 들어가시매 마르다라 이름하는 한 여자가 자기 집으로 영접하더라"(눅10:38). 적극적이고 행동주의적인 마르다의 성격이 드러나는 묘사이다. 반면에 마리아에 대한 묘사는 다음과 같다. "그에게 마리아라 하는 동생이 있어 주의 발치에 앉아 그의 말씀을 듣더니"(눅10:39) 마르다는 아마 예수 그리스도의 일행과 미리 약속이 되어 있지 않은 상태에서 길에서 마주친 예수와 제자들을 자신의 집으로 권하여 모셔온 것 같은 인상을 준다. 바로 다음에 이어지는 구절에서 그러한 사실을 엿볼 수 있는데, "마르다는 준비하는 일이 많아 마음이 분주한지라 예수께 나아가 이르되 주여 내 동생이 나 혼자 일하게 두는 것을 생각하지 아니하시나이까 그를 명하사 나를 도와주라 하소서"(눅10:40). 마르다는 준비 없이 그리스도를 자신의 집에 모시고자 한 것 같다. 예수와 제자들을 대접하고자 하는 마르다의 마음은 매우 높이 살만하다. 아마 예수께서도 종종 마르다와 마리아 그리고 나사로와의 교제를 즐기셨던 것 같다. 그러나 마르다의 마음이 급해지고 말았다. 자신이 직접 모셔 들인 그리스도에게 영향력을 주어 눈치 없는 자신의 동생인 마리아를 움직이려고 한 것이다. 그리고 동생인 마리아의 무책임한 행동을 비난하면서 예수께 많은 일로 분주해진 자신이 홀로 일하도록 두지마라고 압력을 가하기 시작하였다. 이러한 마르다의 요구가 자신이 소외되는 것 같은 상황을 참지 못해서 마리아에게 질투가 난 것인지, 아니면 혼자 분주해져서 다른 사람들을 닦달하는 것이 몸에 배어 무의식적으로 그렇게 한 것인지 확실치 않다. 하지만 분명한 한 가지 사실은 예수 그리스도께서 그러한 마르다를 책망하셨다는 것이다. 그리고 마르다에게 많은 일로 염려하고 근심하는 것이 올바른 것이 아님을 말씀하시면서, 자신을 위한 대접은 한 가지나 몇 가지면 족하다고 하셨다.

더욱더 놀라운 선언은 다음에 이어진다. "마리아는 이 좋은 편을 택하였으니 **빼앗기지 아니하리라**"라고 말씀하셨다. 예수의 말씀은 마르다가 마리아를 책망하는 것이 잘못되었다고 말씀하신 것이 아니라, 마르다와 마리아의 선택에 대해서, 마르다의 선택이 잘못되었다는 것을 지적하신 것이다. 예수께서는 단지 "마리아를 괴롭히지 말라, 그러한 너의 행동은 잘못된 것이다" 라고 말씀하신 것이 아니라 "너의 분주하게 접대하고 많은 것으로 대접하려는 행위보다 마리아처럼 내 발치에 앉아 내 말에 귀를 기울이고 나와 교제를 나누는 것이 더 좋은 일이고, 그러한 선택을 이미 마리아가 했으니, 내가 너로 하여금 그 선택을 바꾸도록 허락하지 않겠다" 라고 말씀하신 것이다.

예수께서 책망하신 것은 마르다의 자기중심적인 태도였다고 보는 것이 옳다. 마르다는 예수께서 긴 여정에서 피곤하고 배가 고프셨을 것이라 생각하고, 예수님과 제자들을 자신의 집에 모셔 풍성한 음식을 대접해야겠다고 스스로 다짐했을 것이다. 물론 이러한 마르다의 마음이 사실 잘못된 것은 아니다. 예수님을 섬기고 자신이 부지런하게 일을 해서 조금이라도 시간을 아끼고, 예수께서 힘을 얻어 다음 여정을 이어가시도록 하는 배려가 마르다의 행동 뒤에 숨어 있었을 것이다. 그러나 마르다의 가장 큰 문제는 정작 대접을 받는 예수 그리스도에게 가장 필요한 것이 무엇이었을까를 살피고 또 직접 주님께 여쭈어보지 않았다는 것이다. 결국 자기중심적인 섬김이 문제였다. 그리스도의 필요를 채우고 그리스도의 관점에서 자신이 섬겨야 할 바를 생각하려는 태도가 마르다에게 없었다고 할 수 있다.

마르다는 예수를 섬기고 있다는 행위 자체를 귀하게 여기고 자신이 그리스도를 섬기고 있다는 자기중심적인 행위에 몰입되었다. 그리하여 자신이 그토록 섬기기를 원했던 예수 그리스도를 진정으로 섬기고 있는 마리아로 하여금 그리스도를 섬기는 것에서 언니인 자신을 섬기게 해달라는 요청을 한 것이다. 마르다는 그리스도를 섬기기 위해 길에 나가 그리스도를 자신의 집으로 모셔 들였지만 어느새 자신의 행위에 몰입되어 자기중심적인 섬김을 하고 있었던 것이다.

마리아는 철저하게 그리스도의 관점에서 그리스도의 필요가 무엇인지를 알기 원했던 사람이었다. 그녀는 예수가 가는 십자가 길을 돕고자 하는 열망으로 자신의 모든 것을 포기하여 예수를 섬겼다. 그녀는 마르다처럼 자기중심적인 사람이 아니었다. 하지만 마르다는 자신의 방법으로 섬기기를 고집하면서, 결국 자신이 섬기는 분이 누구인지도 모르고, 그리스도를 섬기는 다른 사람들의 섬김을 방해하는 훼방꾼의 역할을 하게 된 것이다.

결국 마르다는 마리아의 행동을 비난하고 폄하함으로, 그리스도가 마리아의 기름부음을 받은 만한 자격이 있는 귀한 사람이 아니라고 노골적으로 드러낸 가룟 유다와 이를 동조한 제자들과 동일한 부류로 전락하고 말았다. 가룟 유다를 비롯한 제자들이나 마르다의 문제점은 섬김 그 자체에 있었던 것이 아니라, 자기중심적인 태도에 있었다. 그리스도를 따르고, 그와 함께 하면서 온갖 고난을 같이 경험하였던 제자들이 그리스도의 마지막 길에 함께 할 수 없었다. 그것은 그리스도가 지적하셨던 것처럼, 제자들도 결국 "너희가 나를 따르는 것은 먹고 배부른 연유" 때문이었던 것이다. 죽기까지 따르겠다고 주장했던 제자들의 외침은 공허한 자기중심적인 발상에서 비롯된 것으로, 막상 그리스도의 고난에 동참해야 할 시점에 이르렀을 때 제자들은 그리스도를 떠나 십자가 길의 원수로 행동하고, 그를 부인하고 배반하게 되었다. 이처럼 자기중심적인 태도는 결코 숨겨질 수 없다. 언젠가는 반드시 드러난다.

비아돌로로사의 조우

구레네 시몬

그리스도께서 십자가로 향하는 여정에서 그리스도를 만났던 많은 사람들이 있다. 그 중에 한 사람이 바로 구레네 시몬이다. 로마의 풍습에 의하면, 죄인을 십자가에 처형하기에 앞서 약 칠십오 킬로그램 정도의 무게가 나가는 십자가 가로목을 죄수가 직접 지고 도시의 번화가를 거쳐 십자가에서 처형될 장소까지 가게 하였다. 예수께서 빌라도의 법정에서 골고다 언덕에 이르기까지 약 1.5 킬로미터의 거리를 십자가의 가로목을 지고 가셨던 예루살렘 시내의 여정을 "비아돌로로사"(Via Dolorosa)라고 한다. 이는 고난의 길로 번역되는 라틴어인데 많은 순례자들이 평생에 꼭 한번 직접 밟고 방문하기를 원하는 길이다. 구레네 시몬은 바로 이 비아돌로로사에서 예수와 마주쳤던 사람이었다. 그리스도의 십자가로 향하는 삶의 모든 여정이 고통의 연속이었기 때문에 그 전체를 비아돌로로사라고 볼 수도 있다. 하지만 특별히 그 마지막 순간, 십자가에 달리기 위해서 걸었던 길에 그리스도와 함께하는 영광을 누렸던 사람은 유대인이 아닌 구레네 사람 시몬이었다고 성경은 기록하고 있다. 구레네는 리비아의 한 지명으로 현재의 벵가지에 해당하는 지역이다. 구레네 시몬에 대한 기술은 마태복음, 마가복음과 누가복음에 기록되어 있는데, 마가의 기록이 가장 포괄적이다. "마침 알렉산더와 루포의 아버지인 구레네 사람 시몬이 시골로부터 와서 지나가는데 그들이 그를 억지로 같이 가게 하여 예수의 십자가를 지우고"(막15:21). 마가는 구레네 시몬을 예수의 마지막 길에 함께 하고자 하는 의도나, 그의 처형 장면을 목격하고자 하는 어떠한 의도 없이 시골에서 올라와 지나가던 사람이라고 묘사하고 있다. 또한 "억지로"라는 표현을 사용하여 그에게 예수를 돕고자 하는 의도가 있는 것이 아니었다는 것을 강조하여 드러내고 있다. 그는 정말로 우연히 십자가로 향하는 마지막 순간에서 예수 그리스도와 조우한 사람이었던 것으로 보인다. 그러나 그는 그리스도의 십자가를 대신 지고 가는 영광을 누렸던 사람으로서 어쩌면 마가의 부러움을 샀던 것 같다. 마가는 그리스도를 버리고 도망을 갔던 자신의 행동을 뉘우치고 수소문하여 시몬이 어떤 사람인지 알아보려고 했던 것으로 보인다. 오직 마가의 기록에서만 시몬이 알렉산더와 루포의 아버지라고 기록되어 있는 것으로 보아 마가의 이러한 노력의 흔적을 엿볼 수 있다.

예수께서 빌립보 가이사랴에서 제자들에게 사람들이 자신을 누구라고 하느냐는 질문을 하셨다. 아울러 제자들에게도 너희는 내가 누구라고 생각하느냐고 물으셨다. 당시 베드로는 "주는 그리스도시요 살아 계신 하나님의 아들이시니이다"(마16:16)라고 대답했다. 이로 인해 그는 그리스도로부터 성전의 기초가 될 것이라는 칭찬을 받고, 그 이름이 시므온에서 베드로로 변화되는 영광을 얻었다. 그러나 예수께서 자신이 결국 십자가의 길을 걷고, 십자가에서 처형을 당하게 될 것이라는 장차 일어날 일을 처음으로 드러내 보이셨을 때, "베드로가 예수를 붙들고 항변하여 이르되 주여 그리마옵소서 이 일이 결코 주께 미치지 아니 하리이다"(마 16:22)고 만류하였다. 예수께서 방금 전에 교회의 기초이며 반석이라고 칭찬하셨던 동일한 베드로를 향해, "예수께서 돌이키시며 베드로에게 이르시되 사탄아 내 뒤로 물러가라 너는 나를 넘어지게 하는 자로다 네가 하나님의 일을 생각하지 아니하고 도리어 사람의 일을 생각하는도다 하시고"(마16:23) 라고 말씀하시면서 심하게 책망하셨다. 살아계신 하나님의 아들이라는 것을 알게 하신 이가 성령이라고 말씀하셨던 것처럼, 그리스도가 가는 고난의 길을 막아서는 것은 사탄의 조종을 받는 것임을 분명히 경고하신 것이다. 이러한 경고를 받고, 세 번 그리스도를 부인할 것이니 조심하라는 경고를 받았음에도 베드로는 그리스도를 배반하고, 십자가의 원수로 행동하고 만다. 그리스도가 가신 비아돌로로사에 가장 가깝게 걸으면서 십자가를 대신 지어야 할 사람은 아마도 베드로였을 것이다. 하지만 베드로는 보이지 않고, 이방인 구레네 사람 시몬이 그 영광을 누리게 되었다.

베드로는 어쩌면 그리스도를 가장 가깝게 따르고 있었을 것이다. 베드로를 비롯해 제자들 가운데에서 모두의 신임을 가장 두텁게 받았던 가롯 유다까지도 그리스도를 따르는 것이 언젠가는 자신의 목표를 이룰 수 있는 지름길이 될 것이라고 생각했다. 그리스도는 외롭게 비아돌로로사를 걸어가시는데, 그 길을 따른다고 알려진 많은 이들이 사실은 자기의 욕심을 쫓아, 지상에서 영광과 권력을 성취하기 위한 목적으로 그리스도와 동행한 것이다.

놀라운 것은 제자들조차 이러한 행동을 그들 스스로도 분별하지 못했던 것으로 보인다는 것이다. 제자들은 유월절에 예루살렘에 유대인의 왕으로 입성한 그리스도가 로마의 압제에서 민란을 일으켜 백성들을 구속할 것을 기대하고 있었다. 그런데 오히려 유대인들과 로마인들의 손에 사로잡혀 십자가에서 처형되는 것을 목격한 것이다. 그들은 충격으로 인해 갑자기 공황 상태에 빠졌다. 그리스도의 십자가 길에 동참은커녕 마지막 길을 걷는 그리스도의 모습에 너무나 큰 실망을 느낀 나머지 삶의 의욕마저 상실했다. 자기중심적으로 그리스도를 따르며 이용하려 했던 제자들은 그리스도 사후에 결국 원점으로 돌아가고 만다. 언제 그랬냐는 듯 다시 어부로 돌아가 생업에 전념하게 된 것이다.

성경에는 구레네 시몬의 사건 이후 구레네라는 지명이 계속 등장한다. 오순절의 성령 강림절에 참여한 사람들 중 많은 사람들이 구레네를 비롯한 리비아 각지의 사람들(행2:10)이었고, 예루살렘 교회 구성원 중에 포함된, 소위 복음으로 자유로워진 사람들 중에 구레네 사람들이 가장 많이 거론된다(행6:9). 구레네 사람들은 단지 예루살렘 교회의 초기 구성원이었을 뿐 아니라 전도에 적극적으로 참여하여 복음을 안디옥에 전파한 사람들 중 하나였으며(행11:20), 결국 안디옥 교회의 지도자 중의 한 사람이었던 루기오도 구레네 사람으로 복음이 온 세계에 전파되도록 하는 역할을 감당하였다(행13:11). 성경에 구레네라는 지명이 시몬 이전에는 등장하지 않는 것으로 미루어, 구레네 사람들이 누리게 된 이 모든 축복의 시작은 바로 그리스도의 십자가를 억지로 대신 지고 갔던, 시몬으로부터 비롯된 것으로 보인다.

구레네 시몬은 자신의 욕심이나 의도 없이 그리스도의 고난의 길에 참예한 결과로 엄청난 축복의 근원이 되었다. 그보다 훨씬 나은 대접을 받고 축복을 받았어야 할 제자들은 그리스도의 마지막 고난의 길에서 보이지 않았다. 그것은 그리스도의 표현대로 그리스도의 십자가 길을 방해하고 그리스도로 하여금 실족하게 했던 베드로의 전철을 밟았기 때문은 아닐까?

문제는 마르다처럼 자신은 그리스도를 섬기고 있다고 생각하면서 사실은 그리스도를 방해하고, 십자가의 원수로 행동하게 되는데 있다. 최소한 그러한 생각조차 없었던 구레네 시몬이 제자들이나 마르다보다 훨씬 더 큰 축복을 누리게 되었다는 것이다. 물론 그리스도의 십자가 길에 마리아처럼 온전한 마음으로 동참했던 이들도 더러 있기는 했다.

안나

누가복음에 등장하는 안나는 아셀지파 바누엘의 딸로서 팔십 사세 된 매우 늙은 여선지자였다. 결혼한 지 칠년 만에 남편과 사별한 이후로 줄곧 성전에 살면서 기도와 금식으로 주님을 섬기고 살았다고 성경에 기록되어 있다. 이 구절에 같이 등장하는 시므온과 달리 안나는 그 족보가 매우 상세하게 기록되어 있는데, 아셀은 야곱의 여덟째 아들이며, 그의 아버지 바누엘은 히브리어로는 브니엘, 즉 하나님의 얼굴을 보고도 살아남은 야곱의 별명에서 유래한 이름이다. 안나는 매우 훌륭한 가문의 사람이었다는 것을 알 수 있는데, 그렇게 훌륭한 사람이 과부가 되어 육십 년이 넘는 세월동안 성전에서 기도와 금식을 일삼았던 것을 누가는 강조하여 기록하고 있다. 안나는 사람들의 존경을 한 몸에 받고 있었던 선지자였음에 틀림이 없다.

안나는 예수의 부모가 예루살렘 인근의 베들레헴에 호적을 신고하러 갔다가 예수를 출산하고, 출생 팔일 만에 할례를 마치고 예루살렘 성전을 방문했을 때 등장한다. 시므온이라는 의로운 사람과 함께 등장하는데, 아마도 두 사람은 살아생전 이스라엘의 회복을 성취할 그리스도를 직접 눈으로 목격할 것이라는 계시를 받았던 것으로 보인다. 시므온은 예수가 성전에 등장하자 바로 알아보았으며, 하나님께서 계시한 것과 같이 그가 이스라엘을 구원할 메시아임을 드러냈다. 아울러 예수의 모친 마리아에게 가브리엘이 예언했던 것과 유사한 내용의 예언을 전달하게 된다. 주야에 기도하며 금식하던 안나도 이때 등장하여 이스라엘의 구속을 바라는 이들에게 예수에 대해 이야기를 하였다고 기록되어 있다.

시므온에 대해서는 그가 어떤 사람인지 자세히 기록되어 있지 않다. 하지만 시므온은 선지자로서 놀라운 선언을 하고, 마리아에 대한 예언을 전달하는 등 비중 있게 묘사되었다. 반면 아셀지파 바누엘의 딸 안나 선지자는 예수에 대해 사람들에게 증언했다는 개략적인 묘사가 전부이다. 육십여 년을 성전에서 기도와 금식에 집중했던 안나와는 달리 시므온은 부모들이 아기를 데려오자 놀라운 말을 하며 예수의 부모에게 주목을 받았다. "시므온이 아기를 안고 하나님을 찬송하여 이르되, 주재여 이제는 말씀하신 대로 종을 평안히 놓아 주시는도다. 내 눈이 주의 구원을 보았사오니, 이는 만민 앞에 예비하신 것이요, 이방을 비추는 빛이요 주의 백성 이스라엘의 영광이니이다 하니"(눅2:28-32). 하지만 안나에 대해서는 자세한 기록이 드러나 있지 않다. 물론 안나가 사람들의 기억에 남을 만한 특별한 예언이나 청중들의 귀를 사로잡은 명언이나 특별한 행동을 하지 않았을 수도 있다. 누가도 특별히 기록한 무엇인가를 찾지 못했을 수도 있다. 그러나 이러한 안나에 대한 묘사는 성령의 계시가 이루어진 것을 밝힌 시므온과는 달리 안나가 예수에게 집중하고, 지상에서 첫발은 내딛는 예수를 소개하는데 집중했기 때문이었던 것은 아닐까?

안나는 평생 이 순간을 기다리며 살아왔을지도 모른다.

시므온은 성경에서 볼 때 그의 행동을 통해 성령님으로부터 받은 은밀한 약속이 드러나고, 그의 감동에 넘친 예언에 사람들의 초점에 맞추어져 있다. 반면에 시므온의 삶에서 드러나지 않았던 기다림과 기도 그리고 금식의 오랜 기간이 안나의 삶에는 강조가 되어 드러났다.

안나는 결혼 한지 칠년 만에 사별을 했다. 이후 재혼하지 않고, 성전에 육십 여년을 머물며 기도와 금식으로 살았다. 그녀는 그리스도가 등장할 그 순간을 손꼽아 기다리며, 다른 모든 것을 포기했다. 그리스도의 고난에 동참하고자 했던 그녀의 삶은 자기를 부인하고 모든 것을 포기한 채, 세상에서 떠나 성전에서 살며 자기 십자가를 지고 그리스도의 출생과 할례를 축하하고 그의 임재를 사람들에게 증거했다. 선지자 안나의 삶은 향유를 살 돈을 마련하기 위해 열심히 일하고, 노심초사하며 그리스도께서 지나가실 날을 손꼽아 기다리며 살았던 마리아의 삶과 닮았다. 선지자 안나는 철저하게 자기중심적이기를 포기하고 그리스도의 비아돌로로사에 동참한 사람이었다.

세례 요한

세례 요한은 예수로부터 삶에 대해 즉, 사람 됨됨이에 대해 지속적으로 매우 긍정적인 평가를 받았던 거의 유일한 사람이었다. 마리아를 비롯한 소수의 사람들은 믿음의 행위나 주님을 향한 열정과 사랑으로 평가를 받았다. 하지만 세례 요한은 삶 자체에 대해 지속적으로 평가를 받고 예수의 관심을 받았던 매우 드문 영광을 누린 사람이었다. 더구나 예수 그리스도의 세례 요한에 대한 평가는 매우 파격적이었다. "내가 진실로 너희에게 말하노니 여자가 낳은 자 중에 세례 요한보다 큰 이가 일어남이 없도다. 그러나 천국에서는 극히 작은 자라도 그보다 크니라"(마11:11)라는 표현은 세례 요한에 대한 예수의 인식과 평가가 어떠한지를 단적으로 드러낸다. 또한 선지자로서 세례 요한의 중요성에 대해서도 "세례 요한의 때부터 지금까지 천국은 침노를 당하나니 침노하는 자는 빼앗느니라. 모든 선지자와 율법이 예언한 것은 요한까지니, 만일 너희가 즐겨 받을진대 오리라 한 엘리야가 곧 이 사람이니라"(마11:12-14)라고 말씀하셨다. 이는 이스라엘 사람들이 가장 존경하는 엘리야에 버금가는 위대한 선지자이며, 모든 예언의 완성이 그로 인하여 이루어지고, 말라기가 예언하고 사람들이 그토록 기다리던, 언젠가는 돌아올 엘리야가 바로 세례 요한이라는 말씀이었다.

세례 요한의 삶은, 총체적으로 예수 그리스도가 가게 될 십자가의 길을 예비하고 그리스도의 삶을 온전히 섬기도록 계획된 것으로 보인다. 우리가 아는 바와 같이 세례 요한은 대제사장 사가랴와 마리아의 사촌 엘리사벳의 아들이다. 그의 탄생은 하나님의 사자(使者)가 사가랴의 제사장 직무 수행 중에 나타나 고지했고, 기적적인 과정을 거쳐 임신이 이루어졌다. 하지만 노년에 잉태된 것을 부끄러워한 엘리사벳에 의해 오 개월 동안 세상에 드러나지 않았으나, 임신 육 개월 만에 천사 가브리엘이 예수의 모친 마리아에게 나타나면서 그 사실이 알려졌다. 그때 마리아는 엘리사벳을 찾아가 많은 위로를 얻었다. 따라서 그의 삶은 태어나기도 전부터 예수의 모친 마리아에게 확신과 위로를 주었다고 할 수 있다. 세례 요한은 죽어서도 예수의 사역을 섬기고 도왔다. 예수가 본격적으로 사역을 시작하시면서 많은 기적과 이사(異事)가 일어나자 세례 요한을 죽인 헤롯왕은 두려움에 떨었다. "그 때에 분봉 왕 헤롯이 예수의 소문을 듣고, 그 신하들에게 이르되 이는 세례 요한이라 그가 죽은 자 가운데서 살아났으니 그러므로 이런 능력이 그 속에서 역사하는도다 하더라"(마14:1-2). 사람들은 심지어 예수를 세례 요한과 혼동하기도 하였다. "예수께서 빌립보 가이사랴 지방에 이르러 제자들에게 물어 이르시되 사람들이 인자를 누구라 하느냐? 이르되 더러는 세례 요한, 더러는 엘리야, 어떤 이는 예레미야나 선지자 중의 하나라 하나이다"(마16:13-14).

세례 요한은 대제사장의 가문에서 태어났지만 나실인으로 바쳐졌다. 그는 성전에서 성장하는 대신 광야에서 홀로 성장했다. 그의 삶은 매우 단순했는데, 거의 모든 시간을 기도에 바쳤고, 따로 금식할 필요가 없을 정도로 살았다. 생존을 유지하는 데 필수적인 탄수화물은 석청을 통해서, 단백질은 메뚜기를 통해서 섭취하는 것이 전부였다. 예수께서 말씀하신대로 그는 비단 옷과는 거리가 멀었다. 거친 베옷을 입고 약대 털로 추위를 피하는 것이 전부였다. 그는 생존을 위해 필수적인 것 이상은 취하려 하지 않았다. 또한 자신에 대한 스스로의 평가와 그리스도에 대한 평가가 너무나 정확하고 단호하여 소름이 끼칠 정도였다. "그들이 요한에게 가서 이르되 랍비여 선생님과 함께 요단강 저편에 있던 이 곧 선생님이 증언하시던 이가 세례를 베풀매 사람이 다 그에게로 가더이다. 요한이 대답하여 이르되 만일 하늘에서 주신 바 아니면 사람이 아무 것도 받을 수 없느니라. 내가 말한바 나는 그리스도가 아니요 그의 앞에 보내심을 받은 자라고 한 것을 증언할 자는 너희니라. 신부를 취하는 자는 신랑이나 서서 신랑의 음성을 듣는 친구가 크게 기뻐하나니 나는 이러한 기쁨으로 충만하였노라. 그는 흥하여야 하겠고 나는 쇠하여야 하리라 하니라. 위로부터 오시는 이는 만물 위에 계시고 땅에서 난 이는 땅에 속하여 땅에 속한 것을 말하느니라 하늘로부터 오시는 이는 만물 위에 계시나니, 그가 친히 보고 들은 것을 증언하되 그의 증언을 받는 자가 없도다. 그의 증언을 받는 자는 하나님이 참되시다는 것을 인(引)쳤느니라. 하나님이 보내신 이는 하나님의 말씀을 하나니 이는 하나님이 성령을 한량없이 주심이니라. 아버지께서 아들을 사랑하사 만물을 다 그의 손에 주셨으니, 아들을 믿는 자에게는 영생이 있고 아들에게 순종하지 아니하는 자는 영생을 보지 못하고 도리어 하나님의 진노가 그 위에 머물러 있느니라." 그는 삶의 모든 에너지와 자원을 오직 그리스도의 길을 예비하는데 사용했다. 그는 철저하게 희생적이고 이타적인 삶을 살았다. 어쩌면 사람이라고도 할 수 없을 정도로, 독립적인 인격체를 가졌다고 할 만한 어떠한 근거도 없을 만큼 철저하게 그리스도에게 종속된 삶을 살았다고 할 수 있다. "여인의 몸에서 난 자 이 중에 이보다 큰 이가 없다"는 그리스도의 선언은 어쩌면 철저하게 이타적인 삶을 산 세례 요한에 대해 그리스도의 가슴 깊은 곳에서 우러나오는 감사의 표현이지 않았을까?

물세례와 불세례

 세례 요한은 신부를 취하는 이는 신랑이지만 자신은 신랑의 친구로서 그가 기뻐하는 것으로 인하여 더 크게 기뻐하는 삶을 살았다. 세례 요한은 유대인들에게 회개를 하고 세례를 받으라고 외침으로 그의 사역을 시작하였으며, 그리스도에게 세례를 베풀었던 사람이다. "세례" 요한이라는 이름에 그의 삶이 매우 선명하게 드러나 있는 사람이다. 그러나 그의 세례는 시작부터 불완전한, 그리하여 그리스도의 세례가 필요한 즉, 그리스도의 사역을 준비하고 그리스도의 사역이 완성되도록 이끄는 마중물과 같은 역할이었다. 예수께서는 그를 따르는 이들에게 세례를 받고 죄를 뉘우치고 회개할 뿐 아니라 성령으로 거듭나야 함을 가르치셨는데, 이러한 복음의 실마리를 제공한 것은 세례 요한의 사역이었다. 한 밤중에 그리스도를 찾아온 관원 니고데모에게 복음을 설명할 때에나 초대교회의 유명한 설교가 아볼로가 그리스도를 알아가고 온전한 복음을 전할 수 있도록 이끌었던 것도 그의 사역의 결과였다.

예수께서 세상을 떠나시기 전 제자들에게 하셨던 마지막 부탁, 소위 지상명령에도 세례가 언급된다. "예수께서 나아와 말씀하여 이르시되 하늘과 땅의 모든 권세를 내게 주셨으니, 그러므로 너희는 가서 모든 민족을 제자로 삼아 아버지와 아들과 성령의 이름으로 세례를 베풀고, 내가 너희에게 분부한 모든 것을 가르쳐 지키게 하라. 볼지어다. 내가 세상 끝날까지 너희와 항상 함께 있으리라 하시니라." 이 말씀으로 인하여 기독교는 유대인들이 지켜오던 할례의식에서 벗어나 세례의식을 신앙의 핵심으로 드러내는 종교로 발전되었다. 할례가 유대인으로 태어난 사람들을 위한 종교적 행위로 국한되었다면, 세례는 유대인들이 멸시하던 이방인들이 하나님의 백성이 될 수 있다는 믿음을 가지게 하는 가장 상징적인 핵심의식이 되었다. 그 시작은 바로 세례 요한이었다.

　세례 요한이 죽음을 당했던 것은 표면적으로는 헤롯왕이 동생 빌립의 아내인 헤로디아를 취한 것을 비판한 것 때문이었다. 이로 인해 헤로디아의 미움을 받고, 결국 헤로디아가 딸인 살로메를 시켜 세례 요한을 죽음으로 내몬 것으로 기록되어 있다. 하지만 대중들의 엄청난 지지와 인기를 누렸던 세례 요한을 죽이는 것은 유대인들과 종교지도자들의 협조가 없이는 불가능한 일이었다. 그렇지 않고 세례 요한을 죽일 경우 대규모 민란이나 종교 지도자들로부터 시작된 폭동이 전국을 휩쓸 것이기 때문이다. 따라서 세례 요한의 죽음은 유대인들과 종교지도자들의 동의가 필수적이었는데, 그것은 세례 요한이 단지 유대인들이나 바리새인들의 시기를 받았기 때문만은 아니었다. 세례 요한은 바리새인들과 다른 종교지도자들인 사두개파와 적대적인 관계에 있었다. 그가 선포한 복음의 핵심은 "하나님은 오직 유대인들과 이스라엘의 하나님이 아니라 만민에게 구원을 베푸는 하나님"이었다. 이는 유대인들의 정체성의 핵심이며, 이들을 하나로 연합시켜온 오래된 신조인 "선민사상"에 전면전을 선포하는 것이나 다름없었다. "요한이 많은 바리새인들과 사두개인들이 세례 베푸는 데로 오는 것을 보고 이르되 독사의 자식들아 누가 너희를 가르쳐 임박한 진노를 피하라 하더냐? 그러므로 회개에 합당한 열매를 맺고, 속으로 아브라함이 우리 조상이라고 생각하지 말라 내가 너희에게 이르노니 하나님이 능히, 이 돌들로도 아브라함의 자손이 되게 하시리라"(마 3:7-9). "강가의 돌들도 아브라함의 자손이 될 수 있다"는 그의 과격적인 선언은 바리새인들과 사두개인들이 연합하여 세례 요한을 공동의 적으로서 제거하도록 이끄는 빌미가 되었다. 마치 예수께서 안식일을 의도적으로 범하시고, 자신이 안식일의 주인이라고 선언하심으로 바리새인들과 유대인들의 미움을 받고, 율법을 위반한 죄목으로 십자가형을 받아 죽음을 당할 것에 대한 그림자요, 예고편이었다고 할 수 있는 삶을 그가 살았던 것이다.

종속적인 삶

독립성이 없이 철저하게 종속된 삶은 흔히 노예들에게서 발견할 수 있는 특성 중 하나이다. 대부분의 노예는 자신의 이름조차 철저하게 무시당한다. 그들은 주인이 부르기에 편한 새로운 이름을 부여 받아 철저하게 가리어진 삶을 살게 마련이다. 세례 요한이라는 그의 별명은 이렇게 가리어진 그의 삶을 드러낸다. 그는 하나의 독립적인 인격체로서 존중 받은 것이 아니라 단지 세례를 베푸는 도구로서, 심지어는 인격체가 아니라 "빈들에서 외치는 소리"로 취급을 받았다. 그러나 요한은 그러한 자신의 정체성을 자랑스럽게 생각하였고, "그는 흥하여야 하겠고, 나는 쇠하여야 하겠다."는 말을 너무나 당당하게 이야기 할 수 있는 사람이었다. 그의 이러한 선언은 자학적인 탄식이 아니었다. 그것은 신랑의 기쁨에 온전히 동참하는 신랑의 친구로서 신랑의 기쁜 음성을 듣는 것만으로도 만족할 수 있었던 진심이었다.

세례 요한의 삶 중에 가장 안타까움과 충격을 주는 것은 그의 죽음이다. 그는 장렬히 전사하거나 위대하게 죽음을 맞이하지 않았다. 그의 죽음은 헤롯을 즐겁게 한 헤로디아의 딸 살로메의 춤 값에 해당하는 매우 가치 없는 죽음이었다. "그가 곧 왕에게 급히 들어가 구하여 이르되 세례 요한의 머리를 소반에 얹어 곧 내게 주기를 원하옵나이다 하니"(막6:25). 아울러 그는 죽음을 준비할 시간적인 여유도 갖지 못하고 순식간에 죽음을 맞이했다. 살로메가 춤을 마친 후에 "쟁반 위에 세례 요한의 머리를 얹어 주십시오!"라는 한마디를 마치자마자 전광석화처럼 그의 처형은 진행되었고, 세례 요한은 죽임을 당하여 살로메에게 그의 머리가 바쳐졌다. 어느 누가 이렇게 죽기를 원하겠는가? 그의 마지막은 매우 수치스럽고 가치 없는 죽음으로 보일정도이다. 하지만 그는 죽음에서까지 그리스도의 그림자로서의 삶을 살았다. 그리스도의 죽음이 세례 요한보다 더 충격적이 아니라고 할 수 있는 어떠한 근거도 없기 때문이다. 예수는 하나님의 아들로서 자신이 창조한 피조물에 의해 피조물들이 맞을 수 있는 가장 수치스럽고 참혹한 방법으로 죽임을 당했다. 하나님과 본체이신 그리스도께서 인간들에게 당할 수 있는 최악을 모멸감을 맛보고 죽으셨다. 세례 요한은 이 경악할 만한 일이 실제로 일어날 것임을 자신의 삶을 통해 드러내었다. 그는 철저하게 자신의 삶은 가려지고, 그리스도의 위대함과 진실함이 드러나기를 원했고, 자신이 철저하게 그리스도에게 종속되기를 원했다. 그는 독립성이라고는 티끌만큼도 찾아볼 수 없는 삶을 살았다. 독립적인 기질과 개성을 드러내는 것을 삶의 최고의 가치로 여기는 요즈음 세상의 기준에서 볼 때, 세례 요한은 가장 가치 없고, 모욕적인 삶을 살았다고 할 수 있다. 하지만 그는 그리스도로부터 "천국의 침노자"라는 칭찬을 들을 수 있었던 자격을 갖춘 사람이었다.

그리스도 역시 세례 요한과 같이 하나님 아버지에게 철저하게 종속된 삶을 살았다. 예수께서 십자가에 달리기 전 마지막으로 제자들을 위해 간구하셨던 내용을 살펴보면 과연 그리스도께서 하신 일이 무엇인지 의문이 들 수 있다. 예수께서는 "아버지께서 내게 하라고 주신 일을 내가 이루어…"(요17:4), "아버지께서 내게 주신 것이 다 아버지로부터 온 것인 줄 알았나이다…"(요17:7), 심지어는 "내가 내 자의로 말한 것이 아니요 나를 보내신 아버지께서 내가 말할 것과 이를 것을 친히 명령하여 주셨으니..."(요12:49) 라고 하셨다. 예수께서는 자신이 한 말이 모두 자기의 의지나 생각에 나온 것이 아니라 오직 하나님께서 시키는 대로 이야기 한 것이라고 말씀한다. 만일 누가 법정에서 이런 자백을 한다면 모든 이로부터 비난을 받고, 무시를 당하게 될 것이다. 심지어는 이런 말씀도 하셨는데, "내가 아무것도 스스로 할 수 없노라 듣는 대로 심판하노니 나는 나의 원대로 하려 하지 않고 나를 보내신 이의 원대로 하려는 고로 내 심판은 의로우니라"(요5:30). 본인의 심판이 의롭다는 것을 강조하기 위하여 자신은 아무것도 스스로 할 수 없다고 말한다. 인간적인 논리에서는 자기모순적인 발언으로 들리는 대목이다. 그리스도의 이러한 자기 계시는 세례 요한의 자기 정체성 인식과 그 맥락을 같이한다고 이해할 수 있다.

교제와 친밀함

조용한 시간

"새벽 아직도 밝기 전에 예수께서 일어나 나가 한적한 곳으로 가사 거기서 기도하시더니"(막 1:35) 예수 그리스도의 하나님 아버지와의 이른 아침 교제는 그리스도를 따르는 많은 사람들의 모범이 되었다. 어머니 뱃속에 있을 때부터 교회를 다니기 시작한 모태 신자인 필자가 "경건의 시간"이라는 개념을 소개받은 것은 대학에 들어간 이후로 기억한다. 일요일을 주일이라고 부르며, 주일을 거룩하게 지키며, 기도하고 성경 읽는 것을 의무로 여기며 성장하던 필자는 어떻게든 성경의 가르침을 따라 살아보려고 노력했지만 번번이 율법주의에 빠졌다. 나는 성경을 읽어야 한다는 강박관념으로 성경을 의무감으로 읽고, 습관처럼 기도하곤 하였다. 대학에 들어가 처음으로 복음을 듣고, 개인적인 결단을 통해 그리스도를 내 삶에 모셔 들인 이후, 소위 경건의 시간에 대해 소개를 받고, 매일매일 주님과의 교제로 하루를 시작하고자 노력을 하였다.

  우선 마음을 잔잔히 하고, 기도를 통하여 성령님을 초청하고, 성령님께서 내 마음과 생각을 주장하여 주시기를 간구하며 기도한 뒤 성경 본문을 읽기 시작한다. 성경의 본문은 성경의 한 장이 될 수도 있고, 한 단락이 될 수도 있고, 한 구절이 될 수 있었다. 달마다 가급적 신약과 구약을 번갈아 읽고, 묵상을 하고, 생각을 정리하고 기록하도록 배웠다. 성경 본문을 읽을 때는 우선 하나님이 어떤 분으로 묘사되어 있거나, 하나님에 대한 새로운 발견이 있다면 기록했다. 삼위일체 하나님께서 하신 일에 집중을 하고, 새로운 발견을 기록한 뒤, 그 의미를 파악하고, 새로운 가르침을 정리했다. 다음으로 그 새로운 발견에 기초하여 내 삶에 적용할 점을 찾아 정리했다. 하나님의 성품이나 하신 일이 나에게 어떻게 연관이 되며, 내가 그러한 가르침을 어떻게 내 삶에 연결시키고 적용할 수 있는지 고민하고 찾아서 오늘 내 삶에 적용할 한두 가지의 구체적인 일이나 행동을 기록했다. 그리고 그것을 하루 내내 기억하여, 내 삶 가운데서 경건의 시간에서 발견한 성경의 진리가 적용되도록 한다는 것이 내가 배운 경건의 시간의 방법이요 유익이었다.

예수께서 그 수많은 사역들과 밀려드는 필요 속에서도 매일 새로운 능력을 공급 받고, 수많은 사건들과 일 가운데서 우선순위를 발견하여 꼭 필요한 일들을 이루신 것처럼, 하나님의 나라를 완성하기 위해서 아침 경건 시간이 필수적이라고 배웠다. 더 많은 일을 하게 될수록, 더 크고 위대한 일을 할수록, 아침 경건 시간에 더 많은 시간을 할애해야 하는 것이 무슨 법칙처럼 요구되었다. 비록 어느 누구도 그것을 강제 하거나 점검하지 않았지만, 나에게는 매일의 의무가 되었다. 그러다보니 무엇인가 새로운 발견이 없거나 내 삶에 적용할 점을 찾지 못하거나 혹은 가르침을 내 삶에 연결시켜 구체적으로 적용할 수 없을 경우에는 하루 종일 의기소침해지거나 죄의식에 시달리기도 하였다. 한동안 그런 상태가 지속되면, 아예 경건 시간을 그만두었다. 하지만 그마저도 잠시였다. 나는 이내 내 삶이 그리스도를 모르는 사람들과 어떻게 구별되는가에 대한 불안감과 죄의식으로 괴로워하다가 결국 다시 경건 시간으로 돌아갔다. 그러다 다시 또 중단하고 다시 또 시작하고.. 도무지 나아지거나 달라지지 않는 끝없는 반복이었다.

경건 시간에 집중하는 교회들이 늘어나면서, 교회는 모든 교인이 반드시 경건 시간을 갖도록 독려했다. 교인들은 서로서로 경건의 시간을 격려하고 권장하기 위해 그룹을 만들었다. 그들은 가급적 자주 만나 경건 시간을 나누고 각자의 경건한 삶을 격려하도록 권장 받았다. 경건 시간은 교회 부흥의 열쇠이며, 원동력으로 알려지게 되면서, 교회 성장을 위한 필수적인 목회 전략이요, 교인들의 삶에 필수적인 지침이 되었다. 경건의 시간 나눔 소그룹을 관리하는 전담 목회자가 생겨나게 되었고, 경건의 시간은 교회가 가장 우선순위를 두는 목회 활동이요 프로그램이 되었다. 문제는 경건의 시간이 더 이상 주님과 내가 갖는 조용한 시간이 되지 못하게 됐다는데 있다.

경건의 시간을 통하여 내 자신의 삶에 적용할 가르침과 하나님의 성품을 발견하고, 구체적인 적용을 통하여 하나님과 교제를 나누고, 하나님을 닮아가는 원래의 의도와 목적은 점점 사라졌다. 경건의 시간은 소그룹 교제를 위한, 교회에 출석하여 공동체적 교제를 위한 필수적인 자격이나 도구가 되어 버린 것이 아닌가 하는 의구심이 내 안에 들게 되었다.

경건의 시간은 성경을 통해 하나님에 대한 이해와 지식을 쌓아가며, 우리의 삶이 하나님의 성품을 닮아갈 수 있도록 구체적인 행동의 변화와 이를 통한 거룩한 습관의 형성을 지향한다. 하지만 많은 유익에도 불구하고 시간이 흐르며 점차 행동지향적이고 성취지향적인 시대의 산물로 변질되고 있다고 느끼는 것은 필자만의 생각일까? 변화를 위해 작지만 구체적인 한 가지 행동과 그것을 매일매일 성취해 가는 것이 우리의 신앙으로 규정된다면, 성취지향적인 세상의 흐름이 교회에 영향을 준 결과라고 어찌 말하지 않을 수 있겠는가? 경건의 시간에 매우 집중하는 교회의 신자들의 삶이 사회를 변화시키는 원동력이 되어 교회가 세상을 변화시키는 도구로 드러나고 있다면 경건의 시간은 매우 소중하고 귀한 시간으로 지켜져야 할 것이다. 아울러 경건의 시간을 나누고 공동체적 교제를 통하여 서로의 변화와 성장을 격려하는 시간으로 활용되어 교회 공동체가 사회를 변화시키는 구체적인 단위로서 강력한 기독교 운동을 일으키고 있다면 매우 다행이다. 하지만 경건의 시간 나눔 모임이 교회의 문화를 규정하고, 이로 인하여 교회와 세상을 분리하는 담이 되고 있다면 문제는 심각해진다. 경건의 시간을 교회의 핵심 프로그램으로 채택한 교회들은 더욱더 사회에 영향을 미치지 못하고, 스스로 세상에서 분리되어 버리는 집단으로 전락할 위험에 처할 수 있기 때문이다.

신의 성품에 참여함

"이로써 그 보배롭고 지극히 큰 약속을 우리에게 주사 이 약속으로 말미암아 너희가 정욕 때문에 세상에서 썩어질 것을 피하여 신성한 성품에 참여하는 자가 되게 하려 하셨느니라"(벧후1:4).

경건의 시간에 대한 새로운 시각과 각성은 바로 이 구절을 통하여 내게 다가왔다. 경건의 시간은 나에게는 하나님과의 교제에 기반해 다른 그리스도인들과의 교제를 위한 좋은 도구이며, 내 삶을 변화시키는 구체적인 습관이었다. 하지만 내가 그리스도와의 교제 자체에 초점을 맞추고, 그리스도의 성품에 참여하는 것을 목표로 하고, 성령님을 내 삶과 인격에 초청하여 "썩어질 존재"에서 보다 적극적으로 "신의 성품"에 참여하지 않는다면 의미가 없다는 각성이었다. 이러한 각성은 말씀을 통한 발견과 해석 그리고 적용이라는 틀에 박힌 절차들과 자의적인 해석의 틀에서 벗어나게 했다. 보다 자유롭게 틀과 형식에 얽매이지 않고, 삼위일체 하나님과의 교제, 특히 성령님의 인도하심에 모든 것을 맡기는 형태로 변화되었다. 매일매일 준비된 성경 본문을 묵상하고 적용할 것을 찾기 위한 기도보다는, 성령님을 내 삶에 초청해 맞아들이고, 성령님께서 인도하시는 대로 시간을 갖는 형태로 변화되었다.

소위 하나님의 임재 연습이라고 부르기도 하고, 경건의 훈련이라고도 알려진 이 방법은 수도원이나 오직 기도에 전념하는 기도원에서 더욱더 효과적이었다. 일정한 시간을 정해 놓고 기도를 하기 보다는 성령님께서 임재하시기를 기다리고, 성령님께서 내 생각과 삶과 마음을 온전히 주장해 주시기를 기다리기 때문에 일정한 시간을 정해 놓을 수 없었고, 따라서 종종 꼬박 밤을 새거나 새벽 일찍 일어나 성령님의 임재를 기다리다 결국 출근 시간이 다 되어 급하게 하루를 시작하는 경우도 있었다.

  그러나 신의 성품에 참여하기 위하여 성령님의 임재를 경험하는 경건의 시간이 우리의 속사람이 변화되어 겉사람이 썩어지도록 하는 귀한 시간임은 어느 누구도 부인하지 않을 것이다. 물론 이러한 과정은 인위적이 아닌 성령님에 의해, 하나님과 교제가 깊어지는 동안 나도 모르게 일어나는 것으로 모든 그리스도인에게 반드시 필요한 과정이다. 마치 모세가 시내 산에 올라가 하나님과 대면하여 삼십 일을 교제하는 동안에 일어난 일과 같다고 할 수 있지 않을까? 시내산의 삼십 일 동안 그는 피부가 변화되어 하나님의 영광으로 충만해지고 얼굴에 광채가 나서 사람들이 감히 모세를 쳐다볼 수 없었다. 막상 모세 자신은 그러한 변화를 감지하지 못하다가 사람들이 자신을 두려워하는 것이 그의 얼굴에서 나는 광채 때문이라는 것을 깨닫고 스스로 얼굴에 수건을 덮어 광채를 가렸다. 이처럼 이런 변화가 우리에게 인식되지 못할 수도 있지만, 나는 성령님의 교제를 통해 매일 조금씩 변화되어 결국 하나님의 온전한 성품에 참여하게 되고, 하나님의 영광에 다가가게 될 것이라는 신념으로 매일 성령님의 임재와 인도하심을 갈구하는 삶을 살게 되었다.

하나님의 임재 연습, 또는 성령님의 임재를 체험하는 과정은 많은 기도의 영웅들에 의해 알려졌는데, 특히 수도원에서 기도에 전념하던 수도사들에 의해 소개되었다. 그중에 대표적인 인물이 바로 아빌라의 테레사이다. 그녀는 "영혼의 성(城)"으로 번역된 저서를 통해 신의 성품에 참여하는 과정은 구송(口誦)기도부터 시작하여 묵상기도, 정감의 기도 및 고요의 기도와 일치의 기도를 거쳐 궁극적으로 우리의 영이 그리스도와 완전한 하나됨을 이루는 결혼의 단계에까지 이르러야 한다는 것을 제시하였다. 엄격한 규율, 세상과의 철저한 분리를 통해 진행되는 이 과정을 통해 우리의 영이 깨어나며, 영혼의 중심에 도달하여 궁극적으로 하나님과 하나됨을 이룰 수 있다는 것이 이 가르침의 핵심이다. 깊은 기도와 신비주의로 불리는 하나님의 임재 연습은 종종 환상과 예언, 성령의 임재로 인한 현상들이 수반되어 영적인 체험과 초자연적인 현상을 갈구하는 형태로 치우치기도 했다. 하지만 기독교의 영성을 회복하고, 성령님의 사역과 임재가 교회에 드러나게 하는데 기여한 것도 사실이다.

성령의 임재를 경험하는 것에 그치지 않고, 성령님께서 머물러 계셔서 우리의 삶에 신의 성품이 드러나도록 하는 것이 경건 시간의 목표이다. 또한 성령님의 임재로 인하여 궁극적으로 우리의 삶에 성령의 열매가 맺어지게 하는 것이 경건 연습의 목적이다. 하지만 많은 사람들에게서 성령의 열매보다는 성령의 사역이나, 성령의 능력이 드러나는 것에 집중하는 부작용이 나타난다. 소위 성령 사역자, 신유의 치유자 또는 성령운동의 지도자들에게 그러한 치우침의 결과가 나타나곤 한다. 물론 모든 신유 사역자나 성령 운동의 지도자들이 치우쳤다거나 잘못되었다는 것은 아니다. 하지만 과도한 치우침이 교회에 부정적인 영향을 주거나, 개인들의 영성 추구가 성령의 열매를 맺는 것을 목표로 삼기보다는 성령의 능력을 좇아가는 것으로 잘못 인식될 위험에 처할 수 있음은 잊지 말아야 한다.

  신비주의 운동이나 성령운동에 심취한 사람들의 문제점은 개인의 성령님의 임재 경험이나 성령 충만의 형태가 너무나 독창적이고 절대적이어서 독선적으로 흐를 위험에 쉽게 처하게 된다는 것이다. 강력하고 절대적으로 느껴지는 개인의 성령 체험으로 인하여 탈선하거나 잘못된 방향으로 치우쳐 이단의 길로 접어들고 회복의 기회를 잃어버린 수많은 성령 사역자들의 예를 우리는 목격해 왔다.

삼위일체의 카이로스에 참여함

 행동지향적이었던 마르다와는 달리 그리스도와의 친밀함과 교제를 추구하는 아이콘으로 묘사된 마리아는 그리스도와의 친밀함과 교제를 추구하는 목적이 무엇이었는지 우리에게 알려준다. 마리아는 앞서 기술한 것처럼 그리스도와의 교제에 더 비중을 두고, 그리스도의 발치에 앉아 그리스도의 말씀을 듣는 것에 더 우선순위를 두었다. 그녀는 나사로의 죽음으로 위로를 받고, 본인의 상실에 대한 감정과 두려움을 표현하면서 위로받기 보다는 그리스도께서 주실 은혜를 사모하며 기다리면서 그러한 바람을 표현하였다.

 자칭 그리스도의 가장 사랑하는 제자 요한이 드러내었던 그리스도와의 친밀함은 그리스도가 십자가로 점점 가까워

지면서 오히려 증발되었다. 자신에게 가장 친밀한 사람들에 의한 위로가 절실한 순간에 그들은 그리스도에게서 멀어져 버렸다. 이것은 그리스도는 물론이요 요한 자신에게도 많은 실망과 상실감을 주었을 것이라고 추측할 수 있다. 요한의 그리스도에 대한 친밀함은 어쩌면 의도적인 것이 아니었을까 생각한다. 그의 어머니가 바랐던 것처럼, 그리스도가 유대인의 왕으로 오르실 때 한편에는 야고보, 다른 한편에는 자신(요한)이 앉아 함께 다스리는 것을 꿈꾸고 그것을 위하여 그리스도에게 다가간 것은 아니었을까? 요한의 친밀함이 자기중심적인 목적을 위한 친밀함이었다면, 그러한 친밀함은 너무도 쉽게 사라질 수 있는 제한적이며 의도적인 것이라고 말할 수 있다. 요한은 오순절 성령강림으로 변화되어 성령의 사람으로 거듭났으며, 밧모섬에 유배되어 삼위일체 하나님과 깊은 교제와 친밀감을 누리면서 여러 서신들과 계시록을 작성한 위대한 선지자이다. 그가 그리스도의 가장 친밀한 제자임은 부인할 수 없는 사실이다. 그러나 성령의 임재와 정주(定住)로 인한 교제와 친밀감 이전에 그가 느끼던 친밀감은 자의적이며, 인간적인 노력에 의한 친밀감이었다고 말할 수 있다.

그런 면에서 마리아가 우리에게 보여준 그리스도와의 친밀함은 자의적인 친밀함과 구별된다. 마리아는 그리스도와의 교제와 친밀함으로 인하여 자신도 모르는 사이에 그리스도와 온전히 하나가 되었다. 이 결과로 마리아는 자신을 온전히 잊어버리고, 부인하고, 그리스도의 시간에 자신을 맞추는 존재로 변화되었다. 물론 마리아가 어떤 성품과 수준으로 온전히 인격적인 변화를 이루어 신의 성품에 참여한 자로 살았는지 확인할 기록은 충분하지 않다. 분명한 것은 마리아는 이 세상에 살면서 자신의 삶과 계획, 성취에 관심을 둔 것이 아니었다는 것이다. 그녀는 그리스도의 시간과 십자가로 향해가는 여정에 온전히 초점이 맞추어져 있었다. 십자가의 죽음이라는 수치스럽고 형언할 수 없는 고난으로 두려워하고 절망한 그리스도의 마음을 이해했다. 그녀는 그리스도에게 다가가 앞으로 오게 될 더 큰 고난을 잘 준비할 수 있도록 엄청난 분량의 향유를 퍼부었다. 이런 마리아의 친밀함은 그리스도에게 말할 수 없는 위로와 격려가 되었다. 자신을 믿고 따르던 제자들 중 어느 누구도 그의 심정이나 상태에는 관심 없었다. 오직 자신들의 출세와 삶의 성취를 위해 그리스도를 어떻게 활용할 수 있을까 고민하며, 혹시라도 그렇게 되지 못할까봐 노심초사하던 제자들, 그들에게 둘러싸인 채 철저한 고독에 사로잡혀 있던 예수 그리스도에게 친밀감으로 다가와 그의 가장 큰 필요를 채워준 사람이 바로 마리아였다.

마리아가 그리스도의 동역자요 위로자가 될 수 있었던 것은 자신의 시간과 삶을 헤아리는 대신, 자신을 부인하고 온전히 그리스도와 하나 되어 철저하게 그리스도의 시간과 삶을 공유했기 때문에 가능했다고 말한다면 지나친 추측일까?

마리아는 우리가 그리스도의 성품에 참여하는 것은 단지 영성의 최고 경지에 오르기 위해서만이 아니라고 말한다. 마리아는 삼위일체 하나님과의 교제와 친밀함의 근본적인 목적이 우리 자신의 인격의 완성이 아닌 하나님의 카이로스에 동참하는 것이라는 것을 일깨워 준다. 이것이야 말로 제자들이 그토록 바라고 원하던, 주님과 함께 주님의 오른편과 왼편에서 나라를 통치하는 모습이라는 것을 일깨워 준다. 삼위일체 하나님과 함께 다스린다는 것은 하나님께서 우리에게 부여하신 하나님의 형상을 온전히 회복하여 하나님의 성품을 닮아가는 것을 의미한다. 이는 우리의 생각이나 감정 그리고 의지가 온전히 하나님에게 초점을 맞출 때 가능해진다. 이 과정에서 우리는 철저한 자기부인과 하나님 나라에 적대적인 생각과 사고에서 형성된 옛사람의 행실과 습관을 의도적으로 버려야 한다. 하나님의 성품에 참여하여 우리가 하나님과 같이 느끼고, 하나님의 사고방식대로 생각하고, 하나님을 닮은 의지로 철저하게 하나님 중심으로 변화될 때, 우리는 하나님의 시간에 동참하고, 하나님의 역사 가운데로 들어갈 수 있게 된다. 우리가 완전하게 하나님의 나라에서 하나님의 통치를 경험하는 한편 함께 다스리는 것은 주님의 재림 이후에 일어날 것이다. 하지만 마리아가 보여준 삶의 모범은 우리가 지상에 살면서도 하나님의 카이로스에 참여하여 함께 다스리고 동역할 수 있음을 보여준다.

놀라운 것은 마리아가 창조주 하나님이시며 말씀이 육신이 되어 우리 가운데 나타나신 예수 그리스도를 위로하고 십자가의 길이라는 위대한 여정의 마지막 순간을 시작하도록 이끌었다는 사실이다. 이것은 말이 되지 않는 일이다. 어떻게 피조물이 자신을 창조한 창조자를 돕고, 위로할 수 있다는 말인가? 그러나 그것은 예수께서 마리아의 행동을 보고 하신 말씀이다. 그리고 그러한 마리아의 행동이 복음의 핵심이라는 것을 말씀하셨다.

그리스도께서 전하신 하나님 나라의 복음은 우리가 죄로 인해 죽음의 형벌에서 구원받도록 하는 것만이 아니다. 우리가 그리스도의 풍성한 삶에 동참하는 것이고 삼위일체 하나님과 함께 교제하고 함께 다스리는 것이다. 마리아는 그러한 복음의 진리와 교리가 형성되기 수천 년 전에 이미 그러한 삶의 모형을 드러내었다. 예수께서 복음이 전파되는 곳마다 마리아의 행동이 기억될 것이라고 말씀하신 것은 단지 마리아가 기억될 것이라는 말씀만이 아니었다. 마리아가 보여준 복음의 진리에 합당한 삶의 모범이 많은 이들에게 복음의 정수가 무엇인지를 설명하게 될 것이라는 의미로 받아들여야 할 것이다.

삶의 특징들

이제 앞서 살펴보았듯 삼위일체 하나님의 시간에 동참하여 함께 사역하고 함께 다스림을 누렸던 안나, 세례 요한 그리고 마리아의 삶의 특징들을 살펴보고자 한다. 어떻게 하면 그러한 삶을 살아갈 수 있을까? 이 사람들의 삶에서 드러나는 공통적인 특징들을 정리하여 우리가 어떻게 우리의 삶에 적용할 수 있을지 근거로 삼아 보기로 하자.

허비함 vs 투자

　안나, 세례 요한, 마리아의 삶에서 공통적으로 드러나는 특징 중 하나는 소중한 자원이 무의미해 보이고 목적 없어 보이는 일에 낭비된다는 것이다. 안나는 메시아가 임재하는 하나님의 카이로스를 위해 팔십사 년의 삶 가운데 극히 일부를 제외하고는, 아무런 변화가 없는 것과 같은, 무의미하고, 단조로운 삶을 살았다. 세상적인 관점에서는 사람들에게 그녀의 삶은 잘 이해가 되지 않았을 것이다. 남편을 잃은 상처 때문에 성전 한 구석을 떠날 용기와 힘도 없는 약간은 정신 나간 노파로 보였을지 모르겠다. 사람들은 어쩌면 안나가 나타나면 수군대며 성전을 떠날 시기를 놓쳐 버린 불쌍한 사람으로 이야기 했을지도 모른다.

하지만 하나님의 관점에서 안나의 삶은 낭비된 삶이 아니다. 정욕과 욕정에 휘말리지 않고 젊은 나이에 경건하고 순전한 삶을 영위할 수 있는 기회를 얻은 행운의 사람이었다. 그녀는 세상의 번잡함과 가정사의 복잡함을 모두 뒤로 하고 오직 하나님과의 교제와 친밀함에 모든 시간을 바칠 수 있는 특권을 소유했다. 아울러 성전에서 하나님으로부터 받은 말씀과 예언을 선포하는 매우 영광스러운 기회를 얻은 선지자였다. 안나와 삼위일체 하나님의 교제와 친밀함은 그 깊이와 질에 있어 매일매일 발전해 갔을 것이다. 안나는 그녀의 인격이 하나님의 성품에 더욱더 가깝게 다가가고 변화되었을 것이다. 세상의 번잡함에서 벗어나지 못하고, 복잡다단한 일상의 가정사에 매여 사는 주부라면 상상할 수도 없는 교제와 풍성한 친밀함을 안나는 누렸을 것이다. 안나가 투자한 삶에 대한 수익은 이미 안나에게 되돌아와 더 바랄 것이 없는 삶이 되었을 것이다.

어쩌면 세례 요한의 삶을 바라보며 사람들은 아버지 사가랴와 비교했을지 모르겠다. 세례 요한이 대제사장이었던 아버지 사가랴의 뒤를 이어 위대한 대제사장이 되었다면, 사람들은 그가 무언가를 이루고 세상에 업적을 남겼다고 말했을 것이다. 그런데 세상의 관점에서 본다면, 세례 요한은 그의 유년기과 청년기를 방황하면서 허비된 것으로 보인 것이다. 무엇이 그를 광야로 이끈 것인지 모르겠지만, 그는 마음을 잡지 못하고 집중해야 할 시기를 놓쳐 버린 것으로 보였다. 늙어서 난 귀한 자식으로 많은 사람의 기대와 소망을 한 몸에 받고 있었는데, 나실인으로 성전에 바쳐져 대제사장으로서의 삶을 준비하는 것에서 벗어나 그의 삶은 광야에서 허비되고 말았다. 그는 사춘기에 자신의 삶을 놓쳐 버리고, 잠시 세상의 이목을 끄는가 싶더니 반사회적이고 반역적인 기질로 인하여 헤롯의 눈 밖에서 나서 결국 어느 날 허망한 죽음을 당했다. 세례 요한이 이 세상에 살면서 이루어 놓은 것은 무엇인가? 그는 철저하게 자신의 삶을 낭비했고, 정신을 차려야 할 시기를 놓쳐 결국은 삶의 열매들을 맺지 못하고 마치 광야와 같은 아무 쓸모없는 삶을 살았다. 그의 삶은 세상의 눈으로 볼 때 안타깝게 낭비된, 가치를 찾을 수 없는 삶이었다. 이것이 세상의 시선이었다.

그러나 하나님의 눈에서는 달랐다. 세례 요한의 삶은 그 어떤 순간도 낭비됨이 없이 하나님 나라와 예수 그리스도의 사역에 온전히 투자된 삶이었다. 그는 장수하여 무의미하게 보낼 수 있는 여지를 남기지 않고, 하나의 확실하고 분명한 목표를 성취하기 위해 자신의 모든 시간과 삶을 투자하여 그것을 이루어 내었다. 물론 한순간 마음의 중심을 잃어버린 적이 있었으나 한 사람이 투자할 수 있는 인생의 비율을 산출할 때 삶이 투자된 비율이 가장 높은 삶을 살았다고 할 수 있다. 이를 보증한 분은 바로 예수 그리스도이시다.

마리아는 제자들이 수군댔던 것과 같이, 삼백 데나리온 분량의 향유를 예수의 머리에 부어버리며 소중한 자원을 낭비하였다. '예수에 대한 자신의 사랑을 꼭 그렇게 과장하고, 허세적으로 표현해야 할 필요가 있을 것인가?' 이것이 제자들의 생각이었다. 마리아가 삼백 데나리온의 향유를 모으기 위해 투자한 시간들은 또 어떤가? 그가 그러한 재물을 모으기까지 허비한 시간과 노력은 한 순간의 기쁨을 위한 허영처럼 비춰질 수 있다. 사랑에 눈먼 여인이 이루어 질 수 없는 사랑을 붙잡기 위해 재산을 탕진하는, 분별력이라고는 찾아 볼 수 없는 그래서 방탕한 여인으로 비쳐졌을지도 모르겠다.

그러나 마리아는 예수 그리스도의 삶과 사역 가운데서, 그 시점의 소중함을 인식하고 있었던 것으로 보인다. 아니, 비록 마리아는 인식할 수 없었을지라도, 삼위일체 하나님과의 깊은 교제를 통해 하나님의 아들의 마지막 때를 위로하려는 감정을 공감하고 있었을 것이다. 온 인류가 학수고대하고 만물이 신음하면서 기다려온 구원자로서 이를 완성하기 위해 예루살렘에 입성하고 십자가의 고난을 앞둔 예수에게 하나님 아버지는 할 수 있다면 세상의 모든 향유와 하늘의 향유마저도 부어주시기를 주저하지 않으셨을 것이다. 마리아는 그러한 지상과 하늘의 염원과 마음을 대표하여 예수에게 선지자로서 기름부음 의식을 감행한 것이다. 예수의 마지막은 백성들로부터 배척당하고 바리새인들로부터 질시 받으며, 따르던 이들조차 죄인 대하듯 변한 배신과 절망의 시간이었다. 제자들은 또 어떤가? 예수가 예루살렘에 입성해 로마의 식민정부를 전복할 민중봉기를 주도해 새로운 정부가 수립된다면 자신들도 한 몫 할 것이라고 굳게 믿으며, 제 몫을 챙기려 혈안이 된 채 사분오열됐다. 그런 제자들의 마음을 읽으면서 한없는 절망으로 침체 되었던 예수에게 마리아가 향유를 부었던 깜짝쇼, 그 찰나의 순간이 그리스도의 마음에 얼마나 큰 위로가 되고, 힘이 되었을까! 절대 고독의 순간, 지상에서 그의 마음과 상황을 이해하고 지지하는 한 사람이 있었던 것이다. 아울러 하나님께서 마리아를 시켜서 이런 깜짝쇼를 준비하셨다는 것을 알았을 때, 예수가 느꼈던 감격과 감동은 십자가를 향한 그의 마음과 발걸음에 큰 힘이 되지 않았을까?

이들에게 낭비는 무의미한 허비가 아니라 투자였다. 이들의 무모한 행동은 금은보화가 숨겨진 밭을 사기 위해서 자기의 전 재산을 팔아 밭을 사는 이들과 같은 행동이었다. 또한 예수 그리스도의 표현대로 천국을 침노하기 위한 투자였고, 하나님의 카이로스에 참여하여 단지 하나님의 통치를 경험하는 것만이 아닌, 삼위일체 하나님과 함께 동역하고 통치할 수 있는 가장 확실한 투자였다. 우리의 재물은 어디에 투자되고 있는가? 나의 시간은 어디에서 허비되고 있는가? 나의 힘과 지성과 지식은 무엇에 바쳐지고 있는가?

세상과의 거리

 세례 요한의 삶에서 두드러지게 나타나며, 안나와 마리아의 삶에서도 찾아볼 수 있는 또 다른 공통점은 세상과의 거리감이다. 세례 요한은 의도적으로 세상과의 단절을 목표로 삼았던 것처럼 보인다. 안나는 세상에 살다가 세상으로부터 차츰 멀어져 결국은 세상에서 잊힌 삶을 살았다. 마리아는 세상 속에 살고 있지만, 세상 사람들이 그 속을 알 수 없는, 세상적인 가치관으로 살아가지 않는 삶을 살았다.

 세례 요한은 작정을 하고, 세상과 단절된 삶을 살았다. 이것이 뚜렷하게 나타난 것은 하나님의 때가 임하여 세례 요한이 사역을 시작하기 이전 시간이다. 예수께서도 하나님의 때에 대한 인식이 분명하였다. 가나의 혼인 잔치에서 이미 제자들과 사역을 시작했음에도 어머니 마리아에게 "제 때가 아직 이르지 않았나이다"라고 말씀하시기도 했다. 세례 요한은 물론 성령님의 지시와 인도하심을 따랐을 것이나, 본인의 사역이 온전히 하나님 나라의 가치와 원칙에 의해서만 이루어지기를 바랐을 것이다. 그가 예비해야 할 그리스도의 사역이 철저하게 하나님 나라의 가치와 하나님의 성품이 드러날 수 있도록 세례 요한은 예수보다 더 엄격하게 세상의 가치관에 물들지 않고, 세상적인 욕심과 명예와는 거리가 먼 삶을 살아야했다. 아마도 세례 요한은 하나님께서 자신을 죽음의 광야에서 오직 하나님의 능력만을 의지해 생존하게 하지 않으신다면, 그래서 철저하게 하나님 나라의 가치와 문화로 살지 않는다면, 자신의 삶과 사역은 아무런 의미가 없을 것이라고 생각했는지도 모르겠다. 세상에서의 철저한 분리는 그로 하여금 할 소리를 할 수 있는 담대하고 위험한 사람으로 성장시켜 주었다. 앞서 말한 것처럼 그는 유대인들의 중심 사상인 "선민사상"에 정면으로 맞서면서, 온 인류를 위한 새로운 세상과 새로운 복음을 위해 준비 하라고 외쳤다. 예수는 유대인이지만 단지 유대인을 위한 구속자가 아닌

온 인류를 위한 구세주이기 때문에, 사람들이 그리스도를 받아들이기 위해서는 누군가 새로운 천국의 복음을 위한 기본 전제를 깔아 주어야 한다. 광야에서 세상과 단절되어 자라난 세례 요한이 적임자였음은 두말할 나위가 없다. 헤롯왕이 동생의 아내를 취했을 때, 이것은 부도덕적인 행위였으나 왕이 가진 무소불위의 권력을 두려워하여 아무도 감히 이를 지적하지 못하였다. 그러나 세례 요한은 이를 단호하게 잘못이라고 지적했다. 헤롯은 이를 싫어하였지만, 선지자로서 그를 존경할 수밖에 없는 모순으로 오히려 힘들어 했다. 빈들에서 외치는 소리가 만일 왜곡되어 있다면, 아무에게도 주목을 받을 수 없다. 빈들에서 들려오는 소리는 세상에서 들리는 소음과 공허한 외침이 아니라, 하나님의 진리를 담은 생명력을 전파하지 않으면 사람들에게 도달할 수 없다. 척박한 광야와 모진 환경 가운데서 생존하여 강인한 생명력을 가진 들풀과 같은 세례 요한, 그에게서 울려 나오는 강한 외침은 지금껏 사람들이 경험해 보지 못한 말씀의 능력이 충만했을 것이다. 마치 태초에 말씀이 세상을 창조해 내었듯, 세례 요한의 외침과 말 한마디는 희망을 잃고 죽어가던 유대인들을 살리는 생명이 충만한 능력의 말씀에 가까웠을 것이다. 그 능력과 강인한 생명의 원천이 바로 광야에서의 삶이었다. 이것이 우리가 광야로 가야 하는 이유이다.

세례 요한은 광야의 삶을 통해 능력과 강한 생명력으로 복음을 받아들일 수 있도록 사람들의 마음과 가치관을 흔들어 깨우는 역할을 하였다. 세례 요한은 능력이 분출되는 매우 강한 성격의 소유자였을 것으로 짐작된다. 집중은 필연적으로 다른 방향을 포기하면서 발생된다. 세례 요한은 자신이 전해야 할 복음의 핵심과 삶의 방향에 대해서는 매우 분명한 태도를 갖고 있었지만 분별력에 있어서는 약간의 허점을 드러내었다. 그는 감옥에 갇히고, 면회를 온 제자들을 통해서 그리스도의 사역을 전해들은 후 무슨 이유인지 정확히 알 수 없지만, 갑작스러운 공포가 엄습하는 것을 느꼈던 것 같다. 그리하여 제자들을 통해, "오실 메시아가 당신이 맞습니까, 아니면 제가 다른 사람을 기다려야 합니까?"라는 매우 어이없는 질문을 하였다. 그러나 감옥에 갇혀서 죽음을 앞둔 그에게는 매우 절실한 질문이었을 것으로 보인다. 내가 살아온 삶이 헛된 것이 아닌가에 대한 의문에서 비롯된 질문이기 때문이다. 예수께서는 이러한 세례 요한에게 메시아로서의 사역에 대해서 설명해 주시고 의심하지 않는 자가 복이 있다고 말씀해 주셨다.

반면에 안나의 오십 년이 넘는 기도와 금식은 세례 요한과는 다른 면을 보여준다. 안나의 오십여 년에 걸친 세상에서 멀어진 삶은 시대에 대한 통찰력과 흐름을 읽을 수 있는 시야를 제공했던 것으로 보인다. 이런 것들은 세상의 번잡함에 휘둘려 정신이 팔리고 방향을 잃어서는 도저히 얻을 수 없는 것이다. 그녀의 말은 강렬하지 않았을 것이다. 그녀가 훌륭한 가문의 고결한 여인이었다 하더라도, 그것과 상관없이 안나는 조용히 말하고, 차근차근하게 풀어 설명을 잘 해주는 사람이었을 것이라는 상상이 든다. 평범해 보이고 아무 것도 특출한 것이 없는 외모와 달리 그녀의 입에서 흘러나오는 조용한 말은 사람들에게 새로운 통찰력을 주고 시대의 흐름을 읽고, 어떻게 살아야 하는지에 대한 새로운 관점을 형성하도록 도와주었을 것으로 생각한다. 안나는 오랜 교제를 통해서 경험해 보아야 알 수 있는 유형의 사람이었을 것이며, 따라서 그녀는 당시 세상을 대표하는 선지자의 한 사람으로 인정받았을 것으로 생각된다.

신정통치 국가 유대에는 하나님을 대신하여 통치하는 왕과, 그 왕에게 하나님의 말씀을 전달하고 하나님께 왕의 말씀을 아뢰는 선지자가 있었다. 사울 왕에게는 사무엘이 있었고, 다윗에게는 선지자 갓이 있었다. 유대가 바벨론에 의해 멸망당하면서 이러한 왕과 선지자 통치 공식은 사라졌지만 유대 땅에는 여전히 시대를 대표하는 선지자가 있었다. 예레미아, 다니엘, 학개, 스가랴 선지자들은 시대가 겹쳐지면서 그러한 대표적인 선지자 역할을 감당했던 선지자들이다. 비록 말라기 이후로 유대를 대표하는 선지자가 사라지고 사백 년 동안 예언이 그쳤지만, 그 공백기를 메웠던 선지자 중의 한 사람이 바로 안나 선지자였다.

그녀의 역할은 이전의 선지자들이나 세례 요한처럼 하나님의 말씀을 백성들에게 직접적으로 선포하는 것이 아니라, 그리스도에 대한 구약의 예언들을 정리하여 그 예언이 현재의 시점에서 어떻게 적용되는지, 또한 예루살렘을 방문한 아기 예수에게 어떻게 적용되고, 이 아기가 어떤 삶을 살게 될 것인지 사람들에게 잘 설명해 주는 역할을 감당하였다고 볼 수 있다. 물론 이것은 하루아침에 얻어질 수 있는 것이 아니다. 안나는 그리스도를 통한 하나님의 구속계획을 이해함에 있어 많은 시간을 투자했을 것이다. 그리고 그 예언이 정확히 이루어지는 것을 목격할 수 있었을 것이다. 이처럼 집중이 필요하고 길고 오랜 시간을 들여야 하는 삶은 복잡한 세상이나 끊임없이 주의를 분산시키는 산만한 세상에서 벗어나지 않고는 불가능한 일이다. 이러한 작업을 수행하기에 가장 좋은 장소는 말할 것도 없이 성경의 두루마기들이 보관되어 있는 성전이다. 따라는 안나는 성전을 떠날 수 없었을 것이다. 그리고 누군가가 안나에게 그렇게 오랜 기간 어떻게 성전에서 살 수 있었느냐고 묻는다면 아마도 그녀는 이렇게 대답할지 모르겠다. "글쎄, 시간이 벌써 그렇게 흘렀나? 우리 남편이 죽은 것이 엊그제 같은데…" 세상에서 떠나 하나님의 구원과 구속에 대해 연구하고 이를 사람들에게 알리며 그리스도의 임재를 확증해 준 그 시간들은 안나에게 더할 나위 없는 축복의 시간이었을 것이다.

마리아는 세상에 살았지만 세상 누구에게도 알려진 사람이 아니었을 가능성이 높다. 자신의 감정이나 생각을 표현하는 일이 거의 없는, 말이 많지 않고, 무엇인가를 요구함으로 자신을 드러내는 일이 거의 없는 그런 매우 조용하며 감성적인 사람이었을 것이다. 활달한 성격의 마르다라는 자매를 두고 있었기 때문에 마리아는 자신이 굳이 나서야 할 필요가 없었으며, 그래서 더욱더 내성적이고, 세상에서 멀어진 사람이 되었을 것이라고 생각할 수 있다. 따라서 그녀의 향유를 붓는 돌발적인 행동은 많은 사람에게 엄청난 충격으로 다가왔을 것이다. 대게의 경우 사람들은 자신들이 알았던 사람이 갑자기 전혀 다른 행동과 모습을 보이면 매우 놀란다. 이 사람이 과연 내가 생각하던 사람이 맞는가 하는 의문에 빠지게 된다. 마리아는 아마도 그런 유형의 사람이었을 것이다.

누구에게도 알려지지 않은 은둔자 마리아. 그녀가 그런 삶을 살았던 이유는 정확히 알 수 없다. 그녀는 지상에서 살았지만 철저히 하나님 세상의 시계에 맞추어 살았다. 그녀는 하나님의 계획과 시간표에 맞추어 살았기 때문에 세상에 드러나지 않았다. 우리가 지구 반대편으로 여행을 가면, 현지의 시간에 맞추어 먹고 자며 시차를 극복한다. 그럼에도 한동안은 몸이 생체 리듬이 익숙했던 시간에 맞추어 따라가려고 하는 것을 경험한다. 아마 마리아는 지상에 살면서도 하나님 나라의 시간에 맞추어 살았던, 시차를 유지하며 살았던 사람이었던 것 같다. 마리아는 세상적인 관심이나 많은 손님으로 어려워하는 언니를 돕는 것에 미처 신경을 쓰지 못했다. 대신 그녀는 당시 그 장소와 시간의 주인이신 예수 그리스도를 섬기기 위해 발치에 앉아 조용히 말씀을 듣고, 그리스도의 사역의 마지막이 가까이 오는 것을 이해했다. 그리고 이를 대비하여 향유를 붓기 위한 하나님의 계획에 동참하여, 돈을 모으기 위해서 남모르게 일을 하고, 옥합을 준비하고, 향유를 사서 모으고, 그리스도와 만나 그에게 향유를 부을 수 있는 다양한 방법과 장소와 시간을 생각했다. 그녀의 삶은 철두철미하게 세상의 시간표와 기준에서 벗어난 하나님의 시간표와 계획에 의해 흘러갔을 가능성이 높다. 이것이 세상의 시간을 초월하는 방법이고, 결국 그녀는 세상을 초월하여 살았다. 따라서 세상에서의 시간과 관습은 마리아에게는 무의미하고, 그리하여 제자들이 그녀를 꾸짖고 나무라도 그것이 마리아에는 큰 의미로 다가오지 못했을 것이다. 그녀는 이미 세상을 초월한 삶을 살고 있었기 때문이다. 지상에 살면서 하나님 나라의 통치를 경험하고, 하나님 나라의 기준과 시간으로 살아가는 것, 마리아에게 가능했다면 이것은 우리에게도 가능한 일이다.

그림자로 또는 자기 삶의 주인

 세례 요한의 삶은 그 출발부터 죽음에 이르기까지 단 한 순간도 자신을 위해 살아본 적이 없을 것 같은 느낌을 준다. 그의 삶은 철저하게 그리스도의 삶과 사역을 예비하는 것을 목표로 계획되었고 실행되었다. 이 때문에 세례 요한은 너무나도 종속적인 존재이며 나아가 비인간적이라는 느낌까지 줄 정도이다. 자신의 선택이었다는 것을 차치하고도, 세례 요한이 내 삶이라고, 자신의 고유한 시간과 온전한 독립성을 느꼈던 적이 과연 있었을까 의문이 든다. 그는 철이 들기도 전에 집을 떠나 광야에서 외로움에 떨며 혼자 삶을 영위했다. 세상에 태어나 먹어 본 음식이라고는 메뚜기와 석청이 고작이었고, 예수의 표현대로 부드러운 비단 옷을 한 번도

입어 본 적이 없이 굵은 베옷과 약대 털로 추위를 피하는, 생존에 필요한 최소한의 자원으로 근근이 살아가는 것이 고작이었다. 아울러 세례 요한은 같은 또래의 아이들이나, 심지어는 가족을 비롯한 세상 사람들의 기억과 인식 가운데서 온전히 사라져 버린, 세상에서 완전히 잊힌 존재가 되었을 것이다. 하나님의 때가 이르러 그가 회개를 촉구하고 요단강에서 세례를 주기 시작하며 대중 앞에 모습을 드러냈을 때, 그의 존재를 알아볼 수 있는 사람은 아마 많지 않았을 것으로 생각한다. 하나님의 시간에 철저하게 가려진 세례 요한 개인의 시간과 삶 … 세상적인 관점에서 그것은 손해를 보는 것이고, 누군가에 의해 자신의 삶과 시간이 허비되어 자신의 삶은 찾아볼 수 없는 낭비된 삶이라고 할 수 있을 것이다.

현 세대를 대표하는 취향은 독립성이라고 할 수 있다. 세상 사람들은 독립적으로 다른 이들과 구별되는 삶을 살기 원한다. 평범한 것을 거부하고, 무엇인가 색다르고 개성이 강한 옷을 입으려 한다. 다른 사람들과 차별성을 가짐으로 경쟁력을 확보하려고 한다. 다른 사람들과 구별되지 않고, 눈에 확 띠지 않으며 평범한 사람들 가운데 섞여 있어서는 우리의 삶을 제대로 살 수 없다고 생각하는 것이 세상의 관점이다. 자신을 표현하고, 생각을 명확하고 분명하게 드러낼 줄 아는 훈련을 하고, 적절한 수준에서 경쟁력과 장점을 알려야 세상에서 살아남을 수 있다고 배웠고, 다른 사람들을 가르치고 있다.

독립성은 궁극적으로 세상에서 무엇인가를 이루고 성취하기 위한 전제조건이 되는 셈이다. 무엇인가를 이루기 위해서는 다른 이를 좇아갈 것이 아니라, 자신의 색깔을 버리고 무색무취한 사람이 될 것이 아니라, 개성을 추구해야 한다고 말한다.

하나님께서는 모든 사람을 본인만의 독특한 개성으로 창조하셨다. 따라서 이 세상에 나와 똑같은 인격체를 소유한 사람은 없다고 단호하게 말할 수 있다. 하나님은 공장에서 대량 생산품을 찍어 내듯이 우리를 창조해 내신 것이 아니다. 하나님은 우리 하나하나를 독특하고 유별나게 만드셨다. 그러나 그것이 우리가 개성을 드러내면서 살아야 한다는 전제가 될 수는 없다. 우리가 그림자처럼 살기를 원한다고 해서, 우리가 개성을 드러내는 것을 포기하고 내 자신 스스로의 독립성을 포기한다고 해서 다른 사람과 같아지는 것은 아니며, 내 인격이 말살되는 것은 더더욱 아니다.

　자신이기를 포기한 세례 요한, 오직 그리스도만을 위해 모든 시간을 포기하고, 세상의 모든 음식을 포기하고, 모든 옷을 포기한 세례 요한의 열정과 삶은 세례 요한을 세상에서 가장 독특하고 개성적인 사람으로 만들었다. 그의 포기는 그를 가장 돋보이게 했다. 자신을 드러내고자 애쓰는 이 세상 속에서 그 어느 누구보다 마음에 강렬하고 깊고 진한 여운을 남기는 사람으로 만들었다. 세례 요한의 삶은 그에 대해 들어본 사람의 마음속에서 결코 지워지지 않을 것이다. 스스로의 삶을 포기하고 그리스도에게 종속된 삶을 살기 원했던 세례 요한의 삶의 결과가 바로 이것이다.

　안나의 삶은 세상 사람들의 시선을 끌지 않는다. 누구도 그녀의 삶에 집중하지 않는다. 그녀의 삶에서 어떤 특별함이나 무언가 비범함이 느껴지지 않기 때문이다. 성경에 기록된 안나의 삶은 성경을 읽는 많은 사람들의 눈에 띄지 않는다.

많은 사람들은 안나의 존재조차 알지 못하고 있다. 그녀의 삶은 예수와 그의 부모에게 매우 깊은 인상과 예수에 대한 확신을 주었을 뿐 대중들에게 큰 의미로 다가가지 못하였다. 그녀의 삶은 예수의 가정에 종속되었기 때문이다. 안나의 말은, 동정녀를 아내로 맞아 호적을 위해 고향 베들레헴을 찾아와서 마구간에서 출산을 하고, 이제 할례를 받기 위해 예루살렘 성전을 방문한 예수의 아버지 요셉에게나 충격이었지, 예수를 알지 못하는 다른 이들에게는 별 중요한 일이 아니었을 것이다. 예수라는 이름의 아이가 장차 유대인의 메시아로 성장할 것이라는 사실을 알 길이 없는 많은 세상 사람들에게 안나의 삶도 예수의 삶도 여전히 가리어진 그림자로 남아 있을 뿐이었던 것이다.

마리아의 가려진 삶에 대해서는 앞서 언급하였으므로 여기서는 한 가지 측면만 간략하게 집고 넘어가고자 한다. 마리아와 같은 내성적인 사람들은 자신을 드러내지 않는 것이 다른 사람에 비해 쉬울 수 있으며, 따라서 굳이 그림자로 사는 것을 삶의 특성으로 언급할 필요가 있느냐는 반론이다. 그러나 철저한 은둔자로서 세상에 알리는 것을 전혀 하지 않으려는 사람은 세상에 없다. 나사로가 죽은 이후에 방문하신 예수를 향해, 마르다가 했던 말과 한 치도 다르지 않은 똑같은 말을 마리아가 했다. 이것은 우리 모두는 알려지기 원하고, 자신의 삶을 스스로 영위하며, 사회에 영향을 주고, 다른 사람에게 인정받으려는 동일한 욕구가 있다는 것을 의미한다. 내성적인 마리아가 그리스도에게 향유를 붓기로 결심을 했을 때, 그러한 결심을 실행에 옮기기 위해서는 다른 사람에 비해 몇 배 더 어려운 과정을 거쳐 결심에 결심을 새롭게 함으로써 가능했을 것이다. 마리아는 자신의 감정에 파묻혀 헤어 나오지 못한 구실로 예수 그리스도와 친밀함을 추구한 것이 아니다. 마리아는 그리스도의 삶과 구세주로서의 시간계획에 우선순위를 두고, 거기에 자신의 감정이나 시간, 재물, 사람들의 시선, 처녀로서 자신의 행실에 대한 평판 등에 대해서는 포기를 한 분명한 결단력의 소유자였다. 이러한 결단력은 감성적인 마리아가 손쉽게 드러낼 수 있는 것은 아니었다.

철저한 자기부인의 삶은 마리아, 세례 요한 그리고 안나의 특징 중 하나였다. 단지 한 순간의 결정이 아닌 삶에서 지속되는 철저한 자기부인, 자기 삶의 주인으로 살아가는 것을 포기하고 그림자로서 하나님의 계획과 시간에 따라 살며, 평생토록 이런 삶에 대해 세상의 평가와 인정이 미미할지라도 거기에 상관없이 살아갔던 사람들이었다.

반(反)성취지향적?

 이 세대는 성취지향적이고 행동지향적인 인물들을 영웅으로 삼는 세계관을 갖고 있다고 해도 과언이 아니다. 구체적인 결과가 드러나지 않거나, 적용되지 않은 생각이나 이론은 별가치를 인정받지 못한다. 복잡하게 생각하거나 꾸물거리기보다는 그저 행동으로 옮기라고 권장한다. 많은 사람들에게 각 개인의 정체성은 자신이 하고 있는 일이 되고 있으며, 각자의 생애를 통하여 가장 의미 있는 일을 성취하는 것이 많은 사람들의 인생 목표가 되고 있다. 그래서 일단 자신이 성취하고자 하는 인생의 목표가 정해지면, 그 목표를 달성하기 위해 최선을 다하고, 가용할 수 있는 모든 자원을 동원하고, 이루어 놓은 모든 관계들을 통하여 목표를 성취하고자 한다. 불행하게도 많은 이들의 삶은 자신이 설정해 놓은 목표들에 가리어져 실종돼 버리고 만다. 무엇인가를 이루기 위해서는 개인적인 희생과 많은 포기가 필요하다. 그러나 노력하고 포기해도 때때로 실패를 경험하고, 인생의 큰 좌절을 경험하기도 한다. 일이 크게 잘못되어 사회에 물의를 일으키게 되고, 많은 이들의 지탄을 받고, 범죄자로서 엄중한 심판에 처하게 되면, 스스로 생을 마감하기도 한다. 그러면 사람들은 장래가 촉망되던 유능한 사람이 한순간의 판단 착오와 실수로 위대한 성취를 이루지 못하고 안타깝게 생을 마감했다고 말한다. 이러한 삶의 모습은 많은 면에서 세례 요한의 삶과 유사하다. 그는 목표를 성취하기 위해서 모든 인생을 투자하고, 성취를 위해서 철저하게 자신의 삶은 희생하여 그림자 같은 삶을 살아갔다. 한 때 많은 이들이 따르고, 유명 인사로서 대중적인 지지와 성공을 쟁취하였으나, 한 순간의 일로 투옥되고, 하루아침에 목 베어 숨졌다. 세례 요한의 삶은 겉보기에는 현재를 살아가는 성취지향적인 삶과 큰 차이가 없는 것처럼 보인다. 그러나 세례 요한과 달리 세상에서 성공한 사람들과 위대한 성취자들은 죽기 직전에 인생은 허망한 꿈이었다고 말하기를 주저하지 않는다. 세례 요한은 철저하게 세상적인 기준과 세상에서 벗어나고자 최선을 다했다. 하지만 세상의 영웅들은 세상의 기준들을 충족시키기 위해서 모든 노력과 힘을 다해 세상의 최고가 되기를, 가장 세상적인 기준을 만족시키는 인물이 되고자 한다.

세례 요한이 추구했던 것은 없어져 버릴 세상이 아니었다. 그는 세상을 초월했다. 세상의 가치관이나 기준이 아닌 영속적인 하나님 나라의 가치관과 기준으로 살았다. 세례 요한은 매 순간 눈에 보이는 세상의 기준이 아니라 쉽게 드러나지 않는 하나님의 의도와 목적을 발견하기 위해 애를 썼다. 그는 기다렸다. 성령님께서 보여주시는 의도와 계획을 통해 자신의 의도와 욕심은 철저하게 버리고 예수 그리스도를 좇아 그의 그림자처럼 살기 원했다. 그는 한 번도 자신이 정한 목표를 성취하고자 노력한 적이 없었다. 한 번도 스스로 무엇인가를 결정한 것이 없는 것처럼 보인다. 하지만 세상에서는 정반대다. 모든 결정을 스스로 심사숙고하여 내리고, 자신이 정한 목표를 위해 정한 방향과 과정에서 한 치도 벗어나지 않으려고 최선을 다한다. 지금까지 알려진 가장 효

과적인 방법들과 효율성을 창출하여 최단기간 내에 목표를 성취하려고 한다. 이것은 많은 경우 성취되지 못하거나 혹은 그 과정에서 일어나는 부정한 방법 때문에 많은 사람들의 삶이 안타깝게 희생되고 있다.

성취지향적인 삶에 염증을 느끼는 사람들은 관계에 눈을 돌리게 된다. 일보다는 가족과 시간을 보내는 것을 소중하게 생각을 한다. 가급적이면 일과 관계의 평행을 맞추려 하고, 관계를 우선으로 한 삶을 영위하려고 한다. 이러한 관계지향적인 삶에 있어서 사실 가장 중요한 것은 관계를 이루는 개개인의 인격과 성품이다. 성취지향적이며 일 중심의 삶에서 관계 중심적인 삶으로 방향을 바꾸었다고 해서 단순히 문제가 해결되거나 삶이 더 나아지지 않는다. 오히려 낮은 성취감으로 인해 스스로 삶을 포기한 낙오자라는 생각에 시달리게 된다. 빈곤과 자원의 고갈을 겪는다. 하지만 이보다 더 큰 문제는 다듬어지지 않은 개인의 인격이다. 이것은 관계중심적인 삶에서 지속적으로 아픔과 어려움을 만들어 낸다. 성취지향적인 삶의 양식을 버리고, 관계중심적인 삶을 선택했다고 인격이 하루아침에 달라지는 것이 아니고, 인격의 문제는 태어나서부터 죽을 때까지 해결해야 할 과제로 그대로 남아 있기 때문이다.

관계지향적인 사람들의 자연스러운 목표는 인격의 성숙이다. 이들은 성취지향적인 삶을 영위하며 눈 코 뜰 새 없이 바쁜 삶을 살아가는 것을 추구하지 않는다. 관계에 집중하기 때문에 시간의 여유를 갖고 성숙한 인격의 경지에 도달하는 것이 최상의 목표가 되고 서로서로 격려하고 돕는 것이 이들이 진정으로 원하는 삶의 모습이다. 그러나 자기부인이 없이는 관계가 유지되는 것은 매우 어렵다. 누군가는 섬겨야 하고 끊임없이 자기를 부인해야 집단적 관계지향적 삶 즉 공동체가 유지된다. 하지만 대부분의 경우에는 공동체 유지를 위한 계약이나, 상호 포기를 통해 중간 지점을 찾는 협의에 의해 관계지향적인 삶이 유지되는 것이 보통이다. 성취지향적인 삶은 지도자의 지시나, 미리 정해진 역할에 따라, 개인의 관계나 인격이 개입되는 것을 최소화하기 때문에 사사로운 관계가 개입되는 것을 막는다.

그런 면에서 안나가 보여준 철저한 자기희생과 포기, 이를 통한 인격의 성숙은 관계지향적인 삶을 유지할 수 있는 토대가 된다. 자기부인과 철저한 자기 포기의 삶은 다른 이들을 섬기고 공동체를 이끌어갈 원동력이 된다. 안나가 삼위일체의 하나님과 맺었던 깊은 교제와 오랜 기간을 통해 형성된 친밀감이 바로 그녀의 인격 성숙의 토대가 되었음은 말할 나위가 없다.

마리아는 세례 요한이나 선지자 안나와는 다른 삶의 유형을 보여준다. 마리아는 사람들에게 알려지지 않은 평범한 사람이었다. 그녀의 삶은 화려하지도, 많은 사람들의 주목을 받지도 않았다. 그녀는 딱 한번 사람들의 주목을 받았는데, 그것조차도 사람들 앞이 아니라, 하나님에 대한 것으로, 그리스도의 삶에 영향을 주기 위한 의도였다. 마리아의 행위는 하나님 나라의 시점과 가치를 드러내고 있었다. 또한 그러한 행위는 세상에서는 많은 단계와 과정들이 필요했으나, 그녀의 행위의 영향력은 세상이 아닌 영원한 시간, 하나님 나라에 맞추어져 있었다. 지상에 살면서 하나님 나라의 시점과 관점으로 살아가는 것으로, 이는 일부의 소수에게 허락된 삶으로 보인다. 아울러 매우 무모하여 아무도 그 길을 가기를 원치 않는 삶이 될지도 모르겠다. 세상에서는 극히 평범하고 주목 받지 못하는 삶을 살고, 미치광이요 정신병자 취급을 받으면서, 하나님 나라에서 역사를 창조하는 역할을 담당하는 것이기 때문이다. 그러나 이는 이 세상에 살면서 하나님 나라를 경험하고, 하나님 나라의 백성으로 하나님과 함께 다스리는 삶을 사는 것이다.

기도와 금식

이들이 우리에게 보여주는 삶의 또 다른 공통점은 기도와 금식이다. 세례 요한은 삶의 대부분을 기도와 금식으로 보낸 것으로 추측된다. 그는 세례를 베풀고, 하나님 나라의 복음을 선포하는 것 외에 특별한 행동을 한 것이 기록되어 있지 않는데, 그가 매우 단순한 삶을 영위했다고 짐작하게 하는 이유이다. 마치 에녹과 같이 매일매일 하나님과 친밀한 교제로 동행하는 삶을 살았을 것으로 예상되는데, 이 삶을 통하여 사실 많은 일들이 일어났을 것이다. 그가 어떤 일을 계획하고 의도적으로 시행하려고 한 것이 아니라, 성령님께서 그를 이끌어 자신이 이루셔야 할 사역의 장소로 인도해 주셨을 것이다. 그가 예수와 조우하였을 때, 요한은 "이튿날 요한이 예수께서 자기에게 나아오심을 보고 그를 한 눈에 알아보고 "보라 세상 죄를 지고 가는 하나님의 어린 양이로다"(요1:29)라고 선언을 하였다. 그리고 자신이 그렇게 말하는 이유를 설명하는데, "나도 그를 알지 못하였으나 내가 와서 물로 세례를 베푸는 것은 그를 이스라엘에 나타내려 함이라 하니라. 요한이 또 증언하여 이르되 내가 보매 성령이 비둘기 같이 하늘로부터 내려와서 그의 위에 머물렀더라. 나도 그를 알지 못하였으나 나를 보내어 물로 세례를 베풀라 하신 그이가 나에게 말씀하시되 성령이 내려서 누구 위에든지 머무는 것을 보거든 그가 곧 성령으로 세례를 베푸는 이인 줄 알라 하셨기에, 내가 보고 그가 하나님의 아들이심을 증언하였노라 하니라"(요1:31-34). 요한의 예수에 대한 증거는 매우 흥미로운데, 그의 말을 그대로 해석하면, 그는 예수가 누구인지 알지 못한 채 성령께서 말씀하시는 대로 "뒤에 오시지만, 그보다 먼저 계신 이"에 대해 선포를 하였으며, 자신은 세례를 주려고 계획한 것이 아니지만, "세례를 주라"고 하셔서 세례를 주었는데, 그 이유는 예수 그리스도가 하실 불세례를 드러내고, 예수를 이스라엘에게 소개함이라고 하였다. 그리고 더 놀라운 것은 그가 예수를 어떻게 알아보았는지에 대한 것이다. 그는 예수가 누구고 어떻게 생겼는지 몰랐지만, "성령님이 비둘기가 같이 임하셔서 그에게 머물렀고" 이전에 성령께서 누군가에게 성령이 비둘기처럼 임하는 것을 보면, 그가 구세주임을 알라고 미리 말씀을 했기 때문이라고 하였다.

즉 세례 요한은 기도와 금식을 하는 동안 성령께서 여러 말씀을 들려주시고, 보여 주셨는데, 이것은 앞으로 일어난 일을 대비하고 준비하라는 의미였다고 말한다. 기도하고 금식하면서 준비하는 중에, 성령님께서 예수를 이끌어 오셔서, 당신이 이전에 이야기한 그 사람이라는 증거를 보여 주시고, 무슨 말을 선포할지 알려 주셔서, 그대로 행한다는 것이다. 세례 요한은 어느 것도 자신의 의지나 의도로 된 것이 없고, 오직 성령께서 일어나겠다고 미리 말씀하셨고, 말씀하셨던 그대로 일이 일어났고, 자신은 그저 꼭두각시처럼 말씀하셨던 일을 그대로 따라했다는 것이다. 이 과정에서 세례 요한이 그래도 능동성을 갖고 했다고 할 수 있는 것은 단지 "기다림"일 뿐이었다고 생각한다. 성령께서 말씀하시기를 기다리고, 일어나겠다고 말씀 하신 날이 이르기를 기다리고, 성령께서 인도하시기를 기다리고, 성령께서 사인을 보여주시기를 기다리고, 어떤 말을 하라고 하실 것을 기다리는 것… 이것이 우리의 일인 것처럼 보인다.

그 기다림을 가능케 하는 것이 금식이다. 금식은 우리의 충동을 절제하고, 우리의 육체를 제어하고, 하나님의 때가 이르기 전에 나서는 것을 제어하고, 일어나겠다고 하신 징조들이 일어나기도 전에 먼저 나서는 것을 제어한다. 우리를 철저히 쳐서 복종 시키는 금식이 세례 요한으로 하여금 하나님께서 그의 삶을 통하여 이루기를 원하셨던 모든 것을 남김없이 이루게 하는 원동력이 되었을 것이다.

그에게도 혼란이 있었고, 어려운 순간들이 있었다. 헤롯에 의해 감옥에 갇혀 모든 것이 끝난 것이 아닌가 하는 절망이 느껴졌을 때에 그는 스스로 행동하거나, 먼저 행동하려고 하지 않고, 예수께 자기의 심정을 솔직하게 토로하였다. 예수의 표현대로, 그는 시험 받을 뻔했으나, 시험에 넘어가지 않은 사람이었다.

기도는 세례 요한에게 때를 분별하게 해 주고, 사람을 알아보게 하고, 무슨 일이 일어날 지를, 무슨 말을 해야 할지를 구체적으로 지시해 주시는 도구가 되었을 것이다. 때로는 그림으로, 때로는 환상으로 기도 중에 하나님이 자신의 의도와 계획을 말씀하셨고, 때를 분별하여 정확한 말씀을 전달하도록 구체적으로 도우셨을 것이다.

이와 같은 삶은 안나와 마리아에게도 동일하게 적용되었을 것이다. 마리아는 예수 그리스도와의 조우에 있어 언니 마르다와는 달리, 어떤 구체적인 지시나 허락이 없이는 아무것도 스스로 하려고 하지 않는 태도를 보였다. 예수께서 오신다는 전갈을 듣고도, 집에 머물러 있었고, 마르다가 주께서 너를 부르신다고 하니, 그 때야 일어나서 나가 예수를 맞았다. 마리아는 자신의 감정을 표현하기는 했지만, 예수께 무엇을 요구하지 않고, 가만히 엎드려 주님께서 무엇을 하실 것을 기다렸다. 이러한 태도와 몸가짐은 마리아가 오랜 기간 기도와 금식에 매달렸음을 짐작하게 해주며, 무엇보다도, 이렇게 내성적이었던 마리아가 그토록 치밀하게, 옥합을 깨뜨려 예수의 머리에 부음으로 그의 죽음을 준비했던 것은 성령님의 강권하심과 직접적인 인도하심이 있었기에 가능했다는 것을 짐작하게 해 준다.

에필로그

　예수님의 족보에 등장하는 많은 이들은 왜 그들이 족보에 등장했는지 이유를 알 수 없다. 다윗, 요셉, 보아스처럼 그 행적이 더러 알려진 인물들도 있지만 대부분의 사람들의 삶은 우리에게 알려지지 않았다. 이 사람들은 예수 그리스도의 영적 계보를 형성하고 있는데, 그 중에서 가장 눈에 띄는 사람 중 하나가 바로 에녹이다. 물론 족보에는 등장하지 않지만 에녹은 가인의 아들의 이름이기도 하다. 에녹의 아버지 야렛은 구백육십 세를 살았고, 에녹의 아들 므두셀라는 구백육십구 세를 살았다고 기록되어 있는데, "에녹은 육십오 세에 므두셀라를 낳았고, 므두셀라를 낳은 후 삼백 년을 지내며 자녀들을 낳았으며, 그는 삼백육십오 세를 살았더라"(창5:21-23)라고 기록되어 있다. 이에 따르면 에녹은 아버지나 아들보다는 반 밖에 살지 못했다고 생각할 수 있다. 그러나 이어지는 구절에 "에녹이 하나님과 동행하더니 하나님이 그를 데려가시므로 세상에 있지 아니하였더라"(창5:24)고 기록되어 있다. 에녹에 대해 기록하고 있는 성경의 다른 책은 히브리서 인데, "믿음으로 에녹은 죽음을 보지 않고 옮겨졌으니 하나님이 그를 옮기심으로 다시 보이지 아니하였느니라"(히11:5)고 되어 있는 것으로 보아 그는 죽음을 경험하지 않은 사람인 것을 알 수 있다. 선지자 엘리야가 역시 죽음을 보지 않고 하늘로 승천되어 갔으니, 그는 선지자 엘리야 급의 사람이었음을 알 수 있다.

우리는 에녹에 대해 의아해 하면서 이런 질문을 하곤 한다. "도대체 에녹이 무슨 일을 했기에 하늘로 올려갔지?" 우리들의 이러한 대체적인 반응은 우리가 얼마나 행동중심적이고 성취지향적인지를 드러낸다. 에녹은 땅에 번성하여 충만하라는 하나님의 명령을 성실히 이행하면서, 하나님과 동행하였고, 하나님을 기쁘시게 한 자였기 때문이라고 성경은 기록하고 있다. 우리는 "그뿐이야?" 라고 반문하게 되는데,

사실이 그렇다. 지상에서 에녹의 삶은 잘 드러나 있지 않다.

에녹에 대한 다른 성경의 기록은 유다서에 나타난다. 영지주의자들과 초대교회 거짓교사들을 주의하라는 유다의 편지에 에녹이 등장하는데, 그는 말세에 임할 심판에 대해서 예언을 하며 회개를 촉구한 선지자로 묘사되어 있다. "아담의 칠대 손 에녹이 이 사람들에 대하여도 예언하여 이르되 보라 주께서 그 수만의 거룩한 자와 함께 임하셨나니, 이는 뭇 사람을 심판하사 모든 경건하지 않은 자가 경건하지 않게 행한 모든 경건하지 않은 일과 또 경건하지 않은 죄인들이 주를 거슬러 한 모든 완악한 말로 말미암아 그들을 정죄하려 하심이라 하였느니라"(유1:14-15).

에녹은 무엇인가를 이루고 성취해야 한다고 믿는 우리들의 허를 찌른다. 그것은 하나님과의 교제와 친밀함을 통하여 동행하며 사는 것이 곧 하나님 나라로 계속되는 길이라는 것을 드러내는 것은 아닐까? 물론 우리의 삶의 목적이 단지 하나님 나라에 들어가는 것만이 아니지만, 지상에서 풍성한 교제와 친밀함이 지속되는 삶을 살아간다면, 무엇을 더 바랄 것인가? 에녹은 비록 지상에 살았지만, 마지막 때에 임하실 주, 예수 그리스도를 목격하였으며, 지상에서의 기간 동안에도 자주 하나님의 나라의 일에 관여하였을 것이라는 상상을 하게 한다.

큰 무리가 밀려오는 것을 보시고 예수께서 어떻게 이 백성들을 먹이겠느냐고 제자들에게 질문하셨을 때(요6:5), 제자들은 음식을 구입할 돈의 액수를 계산하느라 바빴다. 예수께서 "너희가 먹을 것을 주어라"(눅9:13)고 말씀하셨을 때, 제자들은 아마 자신들이 가지고 있었던 돈으로는 어림도 없다고 콧방귀를 뀌고 있었을지 모르겠다. 그 때 안드레가 어린 아이가 주었다는 보리 떡 다섯 개와 물고기 두 마리를 가져왔다(요6:9).

이 소년이 누구인지, 어떤 연유로 자신의 물고기과 보리떡을 포기했는지, 그의 부모가 예수께 드리려고 자기 아들을 시킨 것인지, 부모가 예수님의 말씀을 들으러 가라고 도시락을 싸 준 것인지 알 수 없지만, 성경은 소년이 물고기와 보리떡을 가져왔다고 말한다. 아마도 일부 사람들은 먹을 것을 준비해 왔을지 모르지만, 그것을 감히 내놓으려 하지 않았을 것이다.

이 소년은 다시 성경에 등장하지 않는다. 어쩌면 등장했을지 모르지만 알려지지 않고 있다. 그의 삶의 극히 일부분이 드러나지만, 이 소년은 사복음서의 기록을 통해 전 세계의 모든 교회와 주일학교 어린이들에게 잘 알려진 유명인사가 되었으며, 예수 그리스도의 마음을 드러내고, 천국 복음의 정수를 이해함에 있어 매우 귀중한 단서를 제공하여 주었다. 우리가 하늘나라에 가면, 이 소년을 만날 것이고, 그가 얼마나 큰 상을 받았는지, 그의 지위가 하나님 나라에서 얼마나 높은지를 알게 될 것이다. 우리의 삶은 지상에서도 중요하지만, 하나님 나라의 관점에서 더 중요하다. 이 소년처럼, 에녹처럼 지상에서는 한순간에 등장하였지만, 그들의 삶은 삼위일체 하나님의 계획의 일부로서 쓰임을 받았다.

"주께서 대답하여 이르시되 마르다야 마르다야 네가 많은 일로 염려하고 근심하나, 몇 가지만 하든지 혹은 한 가지만이라도 족하니라"(눅10:41-42). 이것이 마르다에게 예수께서 하신 말씀의 의미가 아닐까? 아니, 오늘 우리에게 하시는 말씀이 아닐까?